Sammlung
Außerdeutscher Strafgesetzbücher

Herausgegeben

von

Professor Dr. Adolf Schönke
Institut für ausländisches und internationales Strafrecht
Universität Freiburg/Br.

LV

Englisches Gesetz über Kriminalrechtspflege von 1948

Berlin 1952

WALTER DE GRUYTER & CO.

vormals G. J. Göschen'sche Verlagshandlung — J. Guttentag, Verlagsbuchhandlung
Georg Reimer — Karl J. Trübner — Veit & Comp.

Das englische Gesetz über Kriminalrechtspflege von 1948

(Criminal Justice Act. 1948)

Deutsche Übersetzung von

Oberregierungsrat Dr. Armin Künemund

in Hamburg

Mit einer Einleitung versehen

von Prof. Dr. Rudolf Sieverts

Universität Hamburg

Berlin 1952

WALTER DE GRUYTER & CO.

vormals G. J. Göschen'sche Verlagshandlung — J. Guttentag, Verlagsbuchhandlung
Georg Reimer — Karl J. Trübner — Veit & Comp.

Archiv-Nr. 24 63 52/55

Satz: Walter de Gruyter & Co., Berlin W 35
Druck: Buchkunst, Berlin W 35

Dem Andenken

von

Prof. Dr. iur. Ernst Rosenfeld

gewidmet

EINLEITUNG

Das Gesetz über die Kriminalrechtspflege von 1948 (Criminal Justice Act) ist ein wichtiger Markstein der Strafrechtsreformen in Großbritannien. Es ist der vorläufige Abschluß einer Epoche der Reformbewegung, die im Jahre 1895 einsetzte, als Herbert Gladstone — ein Sohn des berühmten liberalen Premierministers — den Bericht (report) der von ihm geleiteten königlichen Kommission (Departmental Committee on Prisons) vorlegte, die die kriminalpolitischen Mängel der damaligen Strafrechtspflege und des Strafvollzuges gründlich untersuchen und Abhilfevorschläge machen sollte.

Die vorangegangene viktorianische Epoche Englands hatte das Verdienst gehabt, auf dem Gebiete des Strafrechts den Anwendungsbereich der Todesstrafe sehr zu beschränken; vor allem wurde diese Strafe — nicht ohne heftigen Widerstand der obersten Richter — im Bereich der reinen Vermögensdelikte ganz abgeschafft. Ferner wurden einzelne Deliktsarten, wie Diebstahl, Urkundenfälschung usw. zum erstenmal in einzelnen Gesetzen (acts) kodifiziert und damit dem Bereich des richterlichen Fallrechtes, d. h. des Common Law, weitgehend entzogen.

Endlich wurde um die Jahrhundertmitte durch die Initiative von Du Cane in den Prison Acts von 1839 und 1865 das Strafanstaltswesen reformiert. Die vor allem von John Howard und Elisabeth Fry gegeißelten himmelschreienden Zustände insbesondere in den lokalen „gaols", die von privaten Kerkermeistern gepachtet waren, wurden beseitigt und das gesamte Gefängniswesen in die staatliche Regie der Prison Commission des Innenministeriums (Home Office) genommen, die für einen strengen, gerechten, jedoch nur repressiv und generalpräventiv eingestellten Vollzug in Einzelhaft unter möglichst hygienischen Bedingungen und unter Leitung von unbestechlichen Beamten sorgte. Alle diese Reformen während der Regierungszeit der Königin Viktoria gingen sowohl auf die vor allem von den Quäkern religiös fundierten Gefängnisreformen in den USA, als auch mit auf die Impulse der kontinentaleuropäischen Bewegung der Hochaufklärung zurück, die auf den britischen Inseln am bedeutendsten von Jeremy Bentham auch auf dem Gebiete des Strafrechtes vertreten worden war. Sie forderte vor allem eine humanitäre, die Menschenwürde achtende Gestaltung der Strafarten und ihres Vollzuges und Rechtsbestimmtheit durch den Erlaß von Strafgesetzen seitens des verfassungsmäßigen Gesetzgebers, eine Forderung, die aber bis heute in England nur zu Teilgesetzen, nicht aber zu der Gesamtkodifikation eines Strafgesetzbuches geführt hat.

Neben den Vorzügen der viktorianischen Epoche, in der Großbritannien den Höhepunkt seines Wohlstandes und seiner weltpolitischen Macht erreichte, hatten diese Strafrechtsreformen aber auch an den schweren sozialen Mängeln dieser Zeit teil. Wie auf dem Kontinent wies man den Strafgesetzen und der Strafrechtspflege kriminalpolitisch im wesentlichen nur die Funktion der Generalprävention zu und war gedankenlos befriedigt, daß — wie man aus der mechanistisch-intellektualistischen Psychologie der Zeit heraus irrig meinte: infolgedessen — die meisten Bürger nicht kriminell auffällig wurden; wer eben so töricht war, durch einen vorsätzlichen Rechtsbruch das Risiko einer Bestrafung zu laufen, hatte es sich selbst zuzuschreiben, wenn er in die bitter strenge, wenn auch hygienisch einwandfreie Ordnung einer Strafanstalt genommen oder gar hingerichtet wurde.

Diese pharisäische Selbstgerechtigkeit eines satten Bürgertums gegenüber den Problemen des Strafrechts und der Kriminalität wurde in der zweiten Jahrhunderthälfte erschüttert durch die Beobachtung, daß auch die staatliche repressive Strafvollzugsform steigend Rückfälle züchtete, vor allem unter den jungen Gefangenen, und daß die übliche Strafzumessungspraxis der Gerichte mit ihren festbestimmten, überwiegend kurzfristigen Strafen gegenüber dem gefährlichen Gewohnheitsverbrechertum versagte. Es kam hinzu die Erkenntnis, daß Kriminalität nicht nur sträflicher Dummheit entspringt, sondern sehr oft der mangelnden sozialen Fürsorge für die verelendeten proletarischen Massen der Handarbeiter, vor allem in den großen Industrie-Städten, und aus den Erziehungsnotständen ihrer Jugend. Aus alldem erwuchs das Bewußtsein, daß der Richter Taten nicht nur abzustrafen hat, sondern damit auch eine soziale Verantwortung für den Angeklagten und sein weiteres Schicksal übernimmt, das der Rechtsgemeinschaft, in deren Namen er das Strafurteil fällt, im eigensten Interesse nicht gleichgültig sein darf.

Mit diesem neuen Bewußtsein wurde der Kriminalrechtspflege über die formalrechtliche Betrachtung hinaus eine sozial-konstruktive menschliche Aufgabe an der Täterpersönlichkeit im Sinne der Individualprävention gesetzt. Der Gladstone-Report ist der Ausdruck für die Kraft dieses neuen strafrechtlichen Denkens für England ebenso geworden, wie zwölf Jahre zuvor für Deutschland und Kontinental-Europa der berühmte Marburger Vortrag des Professors Franz von Liszt über „Der Zweckgedanke im Strafrecht". Der Weckruf Franz von Liszts rief in Deutschland auf Jahrzehnte hinaus jedoch nur eine umfangreiche literarische Diskussion mit tiefen weltanschaulich grundsätzlichen Erörterungen hervor, bis die Not der deutschen Niederlage im ersten Weltkrieg und des damit ausgelösten politischen und wirtschaftlichen Zusammenbruchs des Kaiserreichs die ersten Reformen vom Jahre 1920 ab wenigstens teilweise endlich erzwang. In Großbritannien dagegen wurde die im Gladstone-Report empfohlene neue Kriminalpolitik ganz pragmatisch diskutiert und in verhältnismäßig kurzer Zeit vom Parlament und der Regierung realisiert und seither auf Grund der inzwischen mit dieser neuen Politik gesammelten Erfahrungen immer weiter verbessert. Auch die Criminal Justice Act von 1948 ist also noch eine Ausstrahlung des Reports von 1895.

Der Gladstone-Report hob, wie gleichzeitig auch die deutsche sog. kriminalsoziologische Schule, folgende Gebiete kriminalpolitisch als besonders vordringlich und einer Gesetzesreform bedürftig hervor:

1. Die Bekämpfung des gefährlichen Gewohnheitsverbrechertums (habitual offender) und
2. Die Behandlung des jungen Rechtsbrechers.

Beide Fragen wurden in ihrem inneren Zusammenhange deutlich gesehen: Eine erfolgreiche individualpräventive Behandlung des jungen Rechtsbrechers durch Erziehung (training) gräbt zugleich dem Zufluß zum Gewohnheitsverbrechertum das Wasser an der Quelle ab. Rein empirisch stellte der Report fest, daß die Berührung mit der allgemeinen Strafrechtspflege und mit dem allgemeinen Strafvollzug (besonders in Form von kurzfristigen Freiheitsstrafen) den jungen Rechtsbrecher mehr schädige als ihm nützlich sei, d. h. seine Rückfallbereitschaft wenn nicht gar erst hervorrufe, so doch in den meisten Fällen erhöhe. Das gleiche gelte aber auch für viele erwachsene Ersttäter und Gelegenheitsverbrecher. Aus diesen Einsichten leitete der Report die Empfehlung ab,

a) jugendliche Rechtsbrecher bis zum 16. Lebensjahr nicht mehr vor die Allgemeinen Gerichte zu stellen, sondern besondere Jugendgerichte für diese Fälle auf der Ebene der summarischen, d. h. der sog. Friedensgerichtsbarkeit, die 95% aller Straffälle in England aburteilt, zu bilden;
b) junge Rechtsbrecher solange wie möglich vor dem sozial depravierenden Strafausspruch und vor der Berührung mit dem Gefängnis zu bewahren durch Ausbau des Probation-Systems und durch Überweisung von Heimerziehungsbedürftigen in öffentliche Anstaltserziehung;
c) für die älteren jungen Rechtsbrecher von 17—21 Jahren, soweit sie bereits erheblich verwahrlost sind, besondere Anstalten zu schaffen, in die sie auf relativ unbestimmte Zeit zum „educational training" eingewiesen werden, bis ihre sozialgefährliche Artung behoben ist.

Bei erwachsenen Rechtsbrechern empfahl der Report gegenüber Ersttätern ebenfalls das Probation-System einzuführen und häufiger Geldstrafen an Stelle der kurzfristigen Freiheitsstrafen anzuwenden. Gegenüber gefährlichen Gewohnheitsverbrechern forderte der Report anstelle der Zuchthausstrafe eine neue Verurteilungsform (sentence), nähmlich die Einführung einer unter Umständen sehr langen Sicherungsstrafe nach dem Maß der Gefährlichkeit des Täters. Den Strafvollzug an Erwachsenen riet der Report so zu gestalten, daß der Gefangene ihn nicht lebensuntüchtiger verlasse als er hineingekommen; das bedeutete Abkehr von dem Prinzip, methodisch den verbrecherischen Willen des Gefangenen repressiv zu brechen, während in Wahrheit die Aufgabe bei den meisten Rechtsbrechern darin besteht, ihre Willensschwäche gegenüber den kriminellen Verführungen des Lebens zu beheben. Seither versucht der englische Strafvollzug die Monotonie des Gefängnislebens aufzulockern und an Stelle des passiven Absitzens der Strafe, die absichtlich den Täter der Möglichkeit jeder Willensinitiative beraubte, eine Behandlung zu setzen, die den Gefangenen zur selbstverantwortlichen Anstrengung auf den verschiedensten Gebieten in sinnvoller Arbeitsleistung, Freizeitgestaltung und körperlichem Sporttraining nötigt. Der Report forderte endlich Ausbau der Entlassenenfürsorge, um das Ansteigen der Rückfälle einzudämmen, und die Rehabilitation der zuverlässig sozial wiedereingegliederten Vorbestraften.

Das federführende Innenministerium (Home Office) legte dem Parlament entsprechende, vor allem von dem Prison Commissioner Sir Ruggles Brise beeinflußte Gesetzesentwürfe vor. 1898 erging die Prison Act, bis 1948 die gesetzliche Grundlage des englischen Gefängniswesens.

Im Jahre 1907 wurde die „Probation of Offenders Act" erlassen, die den zaghaften Versuch, den schon im Jahre 1887 die „First Offenders Act" mit der Probation zugelassen hatte, auf eine breite Grundlage stellte. Die Criminal Justice Administration Act von 1914, die Criminal Justice Act 1925/26 und die Children and Young Persons Act 1933 brachten weitere Verbesserungen, machten aber den Rechtszustand auch unübersichtlich, so daß das gesamte Probation-System in der Criminal Justice Act 1948 unter Aufhebung der meisten alten Bestimmungen umfassend neu geregelt worden ist. Die Children Act von 1908 brachte die Einführung besonderer Jugendgerichte und die möglichst unpönale Sonderbehandlung der jugendlichen Rechtsbrecher vom 8. bis 17. Lebensjahr unter dem Gesichtspunkt der Erziehung. Die im Jugendgerichtswesen gesammelten Erfahrungen führten zur gesetzlichen Neuregelung dieses Gebietes in der Children and Young Persons Act von 1933 und 1938[1]). Die vorbeugende Fürsorge vor allem bei sozial gefährdeten Kindern (uneheliche, Pflegekinder usw.) legalisierte umfassend die Children Act von 1947, die etwa dem deutschen Reichsjugendwohlfahrtsgesetz entspricht.

Im Jahre 1908 wurde die Prevention of Crime Act beschlossen, die für Habitual Offenders die im Anschluß an die Zuchthausstrafe zu vollstreckende sichernde Maßnahme der festbefristeten „Preventive Detention" (Rahmen: 5—10 Jahre) einführte, und für Täter vom 17. bis 21. Jahre, die Gewohnheitsverbrecher zu werden drohen, die relativ unbestimmte Erziehungsstrafe der Borstal Detention mit der Mindestdauer von einem Jahr und der Höchstdauer von drei Jahren. Das Gesetz von 1908 ist erst jetzt durch die Criminal Justice Act von 1948 ersetzt worden. Schließlich wurde 1935 das Geldstrafenwesen durch die Money Payments (Justices Procedure) Act neu geordnet.

Die Children and Young Persons Act von 1933, die Children Act von 1947, die Money Payments Act von 1935 und die hier in deutscher Übersetzung vorgelegte Criminal Justice Act von 1948 bilden heute im

---

[1]) Vgl. die deutsche Übersetzung von Elsa Hennings und Sieverts in dieser Sammlung Band LII, Das englische Jugendwohlfahrts- und Jugendgerichtsgesetz vom 13. April 1933, Berlin 1938. Es sei hier vermerkt, daß das Gesetz von 1948 das Gesetz von 1933 in folgenden Bestimmungen ändert: § 33; 48 (2), (3); (3); 52; 53 (2); 54; 58 (a), (c); 59; 66 (3); 70 (2a); 77 (2, 2A); 78 (3); 82 (1); 90 (6); Anhang 3; Anhang 4 (§ 4). — Das Gesetz von 1933 ist durch die Children and Young Persons Act 1938 1 and 2 Geo. 6. c. 40 ergänzt worden; unser Gesetz von 1948 ändert diese Act in § 4 (4); 6 (3).

wesentlichen die gesetzliche Grundlage der englischen Kriminalpolitik in Rechtspflege, Strafvollzug und Jugendhilfe [2]).

Die hier in Übersetzung vorgelegte Criminal Justice Act von 1948 beruht auf dem Entwurf (bill), den im Jahre 1938 der Innenminister (Home Secretary) der damaligen konservativen Regierung, Sir Samuel Hoare, heutiger Viscount Templewood, dem damaligen Parlament vorlegte [3]). Die Beratungen wurden bei Kriegsausbruch zurückgestellt. Bald nach Kriegsende brachte der Home Secretary der letzten Labour-Regierung, Chuter Ede, die Bill wenig verändert wieder ein. Sie wurde im Unter- wie im Oberhaus mit nahezu einmütiger Zustimmung aller Parteien im Jahre 1947 angenommen, nachdem klugerweise die Regierung das heftig umstrittene Problem der Abschaffung der Todesstrafe im bürgerlichen Strafrecht aus der Gesetzesvorlage herausgelassen hatte. Die Grundgedanken des Gesetzes von 1948 entsprechen also durchaus dem heutigen rechtlichen und sozialen Empfinden des englischen Volkes mit seinem starken Sinn für die sozial konstruktive Lösung sozialpathologischer Probleme.

Das Verständnis des Inhalts der Criminal Justice Act, die wie alle englischen Gesetze nicht leicht zu lesen ist, sei durch folgende Skizze erleichtert:

Es zerfällt in drei Teile: I. Befugnisse und Verfahren der Gerichte; II. Verwaltungsvorschriften sowie Vorschriften über die Behandlung von Gefangenen; III. Ergänzende Bestimmungen. Die sehr inhaltsreichen ersten sieben Anhänge enthalten Durchführungsvorschriften zum Vollzug der Rechtsfolgen. Das Gesetz gilt nur für England und Wales, einige Bestimmungen gelten auch für Schottland (§ 81) und Nord-Irland (§ 82).

Das Gesetz schafft zunächst in §§ 1—2 einige als überholt empfundene Rechtseinrichtungen ab. So beseitigt es die Prügelstrafe als Kriminalstrafe (nicht aber als Hausstrafe im Gefängnis, vgl. § 54). Das Parlament ist hier den Empfehlungen des Reports von 1938 der königlichen Kommission (Departmental Committee on Corporal Punishment) gefolgt, die zur Untersuchung dieses Rechtsinstituts eingesetzt war. Ferner beseitigt das Gesetz innerhalb der Freiheitsstrafe alle Unterscheidungen nach der besonderen Schwere des Strafübels, wie penal servitude, hard labour und die prison divisions. Das englische Strafensystem kennt jetzt also als Freiheitsstrafe nur die Einheitsstrafe des Gefängnisses (imprisonment). Damit ist ein Hauptwunsch der Prison Commission erfüllt worden. Die abgeschafften Unterscheidungen waren in der Praxis des reformierten Strafvollzuges schon längst unwirklich geworden; man hätte sie nur aufrecht erhalten können mit als sinn- und zwecklos erkannten Quälereien der zu den schweren Freiheits-

---

[2]) Die Anhänge 9—11 des Gesetzes von 1948 geben eine lange Liste der aufgehobenen und geänderten Gesetze. Aus Raumgründen ist dieser Anhang nicht ins Deutsche übersetzt worden.

[3]) Siehe seinen Cambridger Vortrag zum Entwurf: Crime and punishment, London (Stevens and Sons) 1947, 26 S.

strafarten Verurteilten. Bedenklich war auch, die Arbeit, die inzwischen als ein Hauptmittel der Erziehung zu einem Berufs- und Lebensethos erkannt und eingesetzt worden war, in Form von hard labour als Mittel der Strafschärfung noch beizubehalten. Endlich stand aber die alte Differenzierung nach der Schwere des Strafübels dem Bedürfnis nach einer neuen Klassifikation der Strafanstalten sehr hemmend entgegen, die auf einer empirisch gewonnenen kriminologischen und kriminalpädagogischen Typendifferenzierung der Gefangenen beruht.

Die Todesstrafe (death) ist jetzt gegenüber unter 18 Jahre alten Tätern unzulässig (§ 16); sie kann gegenüber älteren Tätern durch Gnadenakt in Gefängnis umgewandelt werden (§ 69).

Das Gesetz hat dagegen folgende Rechtseinrichtungen beibehalten, aber verbessert und umgestaltet, und endlich einige neue Institutionen eingeführt:

a) Das Probation-System ist durch die §§ 3—12, 17, 45—47, Anhang 1 u. 5 erheblich intensiviert worden. Es ist grundsätzlich bei allen Delikten und sowohl auf erwachsene als auch auf junge Schuldige anwendbar. Probation wird vom Gericht angeordnet, wenn der Angeklagte für schuldig befunden worden ist, aber nach dem Sozialbericht über ihn erwartet werden kann, daß er auch ohne Behandlung in einer Strafanstalt nicht wieder rückfällig werden wird. Dann wird er vom Gericht aufgefordert, sich freiwillig für eine bestimmte Bewährungszeit der Bewährungsaufsicht eines gerichtlichen Fürsorgers (Probation Officer) zu unterstellen und sich den ihm vom Gericht auferlegten Weisungen und Pflichten zu unterwerfen. Unterwirft sich der Angeklagte, so wird der Strafausspruch (nicht also erst der Strafvollzug) ausgesetzt unter der Bedingung, daß der „probationer" sich während der Bewährungszeit bewährt, andernfalls der Strafausspruch nachgeholt werde.

Das Gesetz hat das Probation-System auf den Typ der Verbindung mit gerichtlicher Bewährungsaufsicht beschränkt, es aber andererseits wichtig ergänzt: Einmal durch die Möglichkeit, im Wege der gerichtlichen Auflage den Probationer in einem Heim unterzubringen, entweder in einem bloßen Wohnheim (probation-hostel) oder einem Heim, das auch den ganzen Tageslauf, insbesondere auch die Arbeit umfaßt (probation-home). Zum anderen (in § 4) durch die Möglichkeit, im Wege der gerichtlichen Auflage den Probationer, wenn er an einer Neurose oder an einer geistigen Erkrankung leidet, die vielleicht die Ursache seiner Straftat, z. B. eines Sittlichkeitsdelikts gewesen ist, psychiatrisch und allgemein medizinisch durch voll approbierte Ärzte behandeln zu lassen, sei es ambulant oder durch Einweisung in eine Klinik. Das Gesetz stellt sicher, daß die dem Gericht abgegebene Zustimmungserklärung des Probationers zu dieser Form der Probation kein Blanko für ein Zwangsbehandlungsrecht der Ärzte ist, sondern zu allen ärztlichen Eingriffen bedarf es jedesmal erneut der Einwilligung auch dieser Patienten.

Das Home Office hat 1949 Durchführungsbestimmungen erlassen: Probation Rules 1949, S. I. Nr. 1328.

b) Geldstrafe (fine) darf jetzt bei allen Delikten neben oder an Stelle von Strafen und anderen Rechtsfolgen verhängt werden, es sei denn, daß ein Verbrechen nur mit absolut bestimmter Strafe gesetzlich bedroht ist (§§ 13—51).

c) Das Gesetz eröffnet in den §§ 16—20, 48—51; Anhang 2, 3, 6 neue Wege auch zur Spezialbehandlung solcher junger Rechtsbrecher unter 21 Jahren, für deren soziale Wiedereingliederung das Probation-System nicht ausreichend erscheint. Das Ziel dieser vor allem von dem 1947 verstorbenen Prison Commissioner Sir Alexander Paterson beeinflußten Gesetzesbestimmungen ist, allmählich zu erreichen, daß alle minderjährigen Rechtsbrecher nicht mehr mit den allgemeinen Gefängnissen und Untersuchungsgefängnissen in Berührung kommen.

Das wird zunächst dadurch erreicht, daß die Gerichte der summarischen Gerichtsbarkeit nicht mehr Gefängnis gegen Jugendliche unter 17 Jahren, und die höheren Gerichte nicht mehr gegen Jugendliche unter 15 Jahren verhängen dürfen. Aber auch gegen Täter zwischen 17 und 21 Jahren soll Gefängnis nur ausnahmsweise ausgesprochen werden, wie sich aus § 17 Abs. 1 u. 2 ergibt. Für den Zeitpunkt, in dem die vom Gesetz §§ 48f. vorgesehenen freiheitsentziehenden Sondereinrichtungen für junge Rechtsbrecher in genügender Zahl von der Prison Commission geschaffen worden sind und damit die Einweisung von Minderjährigen in die allgemeinen Straf- und Haftanstalten überflüssig machen, ermächtigt das Gesetz in § 17 Abs. 4 das Home Office, eine Order in Council, d. h. eine königliche Rechtsverordnung herbeizuführen, die die Verhängung von Gefängnis gegen Minderjährige völlig verbietet.

Das Gesetz befiehlt zunächst, Verwahranstalten für minderjährige Untersuchungsgefangene (genauer: für Minderjährige, die vom Richter für den Prozeß zurückgestellt sind) zu schaffen: sog. remand hostels für Jugendliche bis zu 17 Jahren, remand homes für Jugendliche zwischen 17 und 21 Jahren.

Ferner erleichtert und verbessert das Gesetz in § 20 die Anwendung der so bewährten unbestimmten Erziehungsstrafe für 17—21 jährige (also nicht mehr bis zum 23. Lebensjahr) weiter in der Hoffnung, daß die Gerichte sie gegenüber verwahrlosten jungen Rechtsbrechern noch wesentlich häufiger anwenden werden als bisher. Mindestgrenze 3 Monate, Höchstgrenze 3 Jahre. Die Bezeichnung ist von Borstal Detention in „Borstal Training" geändert worden. Die Prison Commission hat inzwischen eine neue Borstal-Vollzugsordnung erlassen: The Borstal (No. 2) Rules, 1949, S. I. No. 1283.

Endlich sieht das Gesetz für junge Rechtsbrecher, die nicht überdurchschnittlich erziehungsbedürftig erscheinen, denen aber eine fühlbare Reaktion zuteil werden muß, um sie erlebnishaft zur Besinnung zu bringen, daß man für verschuldetes Unrecht verantwortlich einstehen muß, neu in §§ 18 und 19 das attendance centre und das detention centre vor. Bei dem attendance centre (Beaufsichtigungsheim) für Jugendliche zwischen 12 und 21 Jahren schwebte dem Gesetzgeber vor, daß der Jugendliche dort ohne Einsperrung eine Art erzieherisch geleiteter Zwangsfreizeit am Wochenende, eventuell verbunden mit Arbeitsauflagen verbringt. Die punitive detention bis zur Höchstzeit von sechs Monaten ist dagegen ein echter Jugendarrest für Jugendliche zwischen 14 und 21 Jahren, der allerdings nur ganz subsidiär angeordnet werden soll, wenn probation und das attendance centre nicht geeignet, borstal detention aber noch nicht nötig erscheint. Über die Ausgestaltung des Vollzugs der ersten Einrichtung sind die Attendance Centre Rules 1950 S. I. No. 712.2 (1) des Home Office ergangen.

Aber auch die in der Children and Young Persons Act geregelte Fürsorge-Erziehung (approved school) für Kinder bis zu 15 Jahren ist zeitlich durch § 71 geändert worden: Die Einweisung durch das Gericht endet spätestens nach drei Jahren oder mit dem Ablauf von vier Monaten nach dem Erreichen der oberen Grenze des schulpflichtigen Alters.

d) Das Gesetz gestaltet in §§ 21—23 auch die Sonderbehandlung der gefährlichen Gewohnheitsverbrecher um. Die Prevention of Crime Act 1908 sah zweispurige Kumulation von festbestimmter ethisch mißbilligender Strafe nach dem Maß der Einzeltatschuld und nachfolgender völlig unbestimmter aber ethisch wertfreier Sicherungsverwahrung nach dem Maß der Gefährlichkeit des Täters (preventive detention) in besonderen Anstalten vor. Der Bericht der königlichen Kommission (Departmental Committee on Persistent Offenders) von 1932, die die kriminalpolitische Bewährung des Gesetzes von 1908 studieren sollte, hatte festgestellt, daß diese Regelung sich nicht bewährt hat. Der Vollzug hatte, nach völligem Fehlschlag eines Versuchs in gegenteiliger Richtung in Camp Hill auf der Isle of Wight, die Erfahrung machen müssen, daß das Regime der preventive detention bei diesen hochgradig Asozialen kaum anders gestaltet werden kann als der Vollzug einer Zuchthausstrafe für langzeitig Verurteilte. Auch die Richter und die Geschworenen hatten rasch den aus doktrinären Gründen vorgenommenen „Etikettenschwindel" der Zweispurigkeit herausgefühlt und wendeten aus einem Gefühl der Fairness die preventive detention als die wegen ihrer hohen zeitlichen Grenzen eigentlich schwerere Strafe selten neben der Zuchthausstrafe auch gegenüber Verbrechern an, bei denen niemand an der Notwendigkeit zweifelte, die Gesellschaft nachhaltig vor ihren weiteren Untaten zu schützen. Das Gesetz beseitigt gemäß den Vorschlägen der Kommission daher, wie schon 1908 im Borstal-System, nunmehr auch hier die Zweispurigkeit, aber auch die zeitliche Unbestimmtheit insofern als das Gericht im Urteil eine niedrigere Höchstgrenze als die vom Gesetz zugelassene festsetzen kann. Das Gericht kann in Zukunft die verschiedenen Sondermaßnahmen zur Behandlung des Gewohnheitsverbrechers an Stelle („in lieu") der allgemeinen Freiheitsstrafe anordnen.

Zwischen der preventive detention und dem Borstal-System schafft das Gesetz eine neue Einrichtung, nämlich das corrective training (Korrketionserziehung) für 21—30jährige sozial erziehungsbedürftige Täter. Der Bericht der königlichen Kommission von 1932 hatte festgestellt, daß die Prevention of Crime Act nur den Anfänger und den voll Ausgereiften auf der Bahn des Gewohnheitsverbrechertums, nicht aber die Mittelgruppe beachtet hatte, die wegen Überschreitung des 21. Lebensjahres für Borstal-Detention zu alt, aber für die Preventive Detention noch nicht reif ist, um die bis zum 30. Lebensjahr mit Methoden der Erwachsenenbildung sich noch zu mühen aber aussichtsreich erscheint. Der Zeitrahmen für das Gericht beträgt 2 bis 4 Jahre. Voraussetzung ist, daß der Täter eine Gefängnisstrafe von mindestens 2 Jahren an sich verwirkt hat und ihm zwei Vorverurteilungen zu Gefängnis nachgewiesen werden können. Das corrective training will in einem Vollzug, der je nach Artung des Täters und seiner Entwicklung während der Trainingszeit entweder in halboffenen oder in geschlossenen Anstalten vollzogen wird, dieser Aufgabe gerecht werden.

Die bisherige preventive detention kann nur noch gegen Gewohnheitsverbrecher angewendet werden, die das 30. Lebensjahr überschritten haben, vorausgesetzt daß der Täter eine Gefängnisstrafe von mindestens 2 Jahren verwirkt hat und ihm drei Vorverurteilungen zu Gefängnis nachgewiesen werden können. An Stelle von 5—10 Jahren ist für die richterliche Zeitbestimmung ein Zeitrahmen von 5—14 Jahren gesetzt worden. Ein progressiver Vollzug in drei Stufen soll auch an diesen Menschen noch versuchen, sie sozial wieder einzugliedern.

Wie beim borstal training ist sowohl bei corrective training als auch bei preventive detention die Entlassung vor der im Urteil festgesetzten Höchstzeit durch die Prison Commission stets zunächst vorläufig unter Bewährungsaufsicht (supervision), die mit besonderen Auflagen verbunden werden kann.

Die Prison Commission hat inzwischen eine neue Strafvollzugsordnung erlassen: Prison Rules S.I. 1949, No. 1073.

Damit erscheinen die Grundlinien des Gesetzes genügend für das Verständnis des deutschen Lesers skizziert. Das Gesetz enthält darüber hinaus noch eine Menge von sonstigen Verbesserungen und Änderungen der Strafgesetze, insbesondere auch des Strafprozeßrechts (vgl. §§ 25—44) und des Strafvollzugsrechts (vgl. §§ 45—72), aber auch des Sicherungsrechts gegen gefährliche Geisteskranke (§§ 24, 62—64), auf die hier im einzelnen nicht eingegangen werden kann.

Unter der in Großbritannien zu dem Gesetz bereits erschienenen Literatur ragt wissenschaftlich bisher hervor der 2. Band des Journal of Criminal Science, herausgegeben von L. Radzinowicz, Professor in Cambridge und J. W. C. Turner, Verlag Macmillan and Co., London 1950. Der Band nennt sich: A Symposium on the Criminal Justice Act, 1948 und enthält Aufsätze des Vorsitzenden der Prison Commission L. W. Fox über den Strafvollzug (s. auch seinen Aufsatz im Recueil de Documents en matière pénale Vol. XIV, Nr. 3/4 (1949), S. 307, 328), von F. I. O. Coddington über das Probationsystem, von E. Cordes über die Neugestaltung der Geldstrafe, von Margery Fry über die Reform des Borstal-Systems, von Max Grünhut über die neue Behandlung des Gewohnheitsverbrechers, von Sir Norwood East über die medizinischen Aspekte des Gesetzes, von I. C. Jolly über die Veränderungen des Strafverfahrens, von F. R. Cherill über die neuen Vorschriften des Fingerabdruckverfahrens und von Frank Dawtry über die Entlassenenfürsorge. Ferner sehr wichtig Max Grünhut, Penal Reform. A comparative study. Oxford 1949, 486 S.

An sonstiger englischer Literatur zu dem Gesetz sei, ohne Vollständigkeit zu beanspruchen, genannt: Archbold's Criminal Pleading Evidence and Practice, 32. Aufl., London 1950, mit bisher fünf Ergänzungsheften (lückenlose Zusammenstellung der gesamten Strafgesetze sowie mit zahlreichen Hinweisen auf Gerichtsentscheidungen); Cross-Jones, An Introduction of Criminal Law 2nd ed., London 1949 (Kurzkommentar); Harris-Wilshere, Principles and Practice of the Criminal Law, 18. Aufl., London 1950; Morrison-Hughes, The Criminal Justice Act 1948, London 1950 (Kurzkommentar); Stephen, A Digest of the Criminal Law, 9. Aufl., London 1950; Maxwell, A., The Home Office. Its functions in relation to the treatment of offenders, London 1948.

Zum Verständnis des Gesetzes sehr wichtig sind die vorbereitenden Untersuchungen folgender königlicher Kommissionen: Report of the Departmental Committee of Young Offenders, Cmd 2831, London 1927; Report of the Departmental Committee on Persistent Offenders, Cmd 4090, London 1932; Report of the Departmental Committee on Imprisonment by Courts of Summary Jurisdiction in Default of Payment of Fines and other Sums, Cmd 4649, 1934; Report of the Departmental Committee of the Social Services in Courts of Summary Jurisdiction, Cmd 5122, London 1936. Ferner sind wichtig die Reports of the Commissioners of Prisons and Directors of Convict Prisons for the Years 1911—1947; die Reports für 1949 und 1950 geben bereits eine Übersicht über die bisherige praktische Durchführung des Gesetzes von 1948. Alle diese amtlichen Reports sind erschienen in H. M. Stationary Office in London. Wichtiges Material zur Vorgeschichte befindet sich auch in dem von der Howard League for Penal Reform herausgegebenen Howard Journal, insbesondere in dem Sonderheft Vol. VII Nr. 3, 1947—1948, S. 151—196; ferner in der von der National Association of Probation Officers herausgegebenen Zeitschrift „Probation“. Siehe auch Radzinowicz und Turner, Penal Reform in England, London 1946 und Vol. I of the Journal of Criminal Science, London 1948. Der Wortlaut der Parlamentsdebatten über den Gesetzentwurf findet sich in: Parliamentary Debates. Standing Committee A. Criminal Justice Bill 1.—16. Sitzung Dez. 1947 bis März 1948, H. M. Stationary Office. Die Debatten über den Entwurf 1938 siehe in Parliamentary Debates: House of Commons Vol. 342 Nr. 16 (29. Nov. 1938) und Nr. 18 (1. Dez. 1938).

In deutscher Sprache ist über das Gesetz bisher berichtet worden von Grünhut, Strafrechtsreform und Todesstrafe in England, Süddeutsche Juristenzeitung 1949, Sp. 457; Wahl, Zur Strafrechtspflege in England, Neue juristische Wochenschrift 1950, S. 810f.; F. Honig, Die englische Criminal Justice Bill, Deutsche Rechtszeitschrift 1948, S. 376ff.; Schönke, Juristische Rundschau 1948, S. 118.

Die Hauptlast der deutschen Übersetzung hat Herr Oberregierungsrat Dr. Künemund in Hamburg getragen. Die Übersetzung der für deutsche Begriffe so überaus schwerfällig abgefaßten angelsächsischen Gesetze bereitet bekanntlich ganz ungewöhnliche Schwierigkeiten, zumal der angelsächsische Gesetzgeber mit Rechtsbegriffen arbeitet, die nur in seltenen Fällen mit den kontinentaleuropäischen Rechtsbegriffen inhaltlich übereinstimmen, auch wenn zum Teil dasselbe Wort gewählt wird. Absichtlich haben wir der Versuchung widerstanden, einen solchen Begriff mit einem Wort für die ähnliche deutsche Einrichtung zu übersetzen; die Gefahr, daß dann unzutreffende Assoziationen sich beim Leser einstellen, liegt zu nahe. Die Übersetzung mußte sich dem englischen Gesetzesstil anpassen, hat aber dabei versucht, seine langen Satzperioden in ein — wenn auch nicht einfach — lesbares Deutsch zu bringen. Ob das gelungen ist, muß der Leser entscheiden. Überall, wo ein neuer rechtstechnischer Begriff zum erstenmal auftaucht, ist er der deutschen Übersetzung in Klammern auf Englisch beigefügt.

Dieses Heft der Sammlung außerdeutscher Strafgesetzbücher sei sehr dankbar dem Andenken von Professor Dr. Ernst Rosenfeld gewidmet, der im Mai 1952 hochbetagt in Münster gestorben ist. Er hat im Jahre 1909 die ersten englischen Strafgesetze, die auf Grund des Gladstone Reports ergingen, in der gleichen Sammlung in deutscher Übertragung herausgegeben (Bd. XVI) und damit der deutschen Rechtswissenschaft und Strafrechtspflege zugänglich gemacht. Möge auch unsere Übersetzung der Criminal Justice Act 1948 im Sinne des verehrten Verstorbenen die deutsche Kriminalpolitik der nächsten Zukunft befruchten.

Hamburg, im Mai 1952

Rudolf Sieverts

Nachtrag: Während der Korrektur erschien folgende Literatur in Englisch: John Watson, The child and the magistrate. New edition, London 1950; Moris, The habitual criminal, London 1951; Grünhut, English penal policy under the Criminal Justice Act 1948. In „Tribunal. An International Review of Penal Administration", London Vol 1 (1951) No L S. 25—35; United Nations, Dept. of Social Affairs: Probation and Related Measures, UN Publications No 1951 IV 2 New York 1951 (Probation in United Kingdom S. 110—129; 291; 339—348; 369). Marg. Fry, Arms of the law. London 1951. Ferner neue Aufsätze im Howard Journal und in der 1951 neu erschienenen Fachzeitschrift: The British Journal of Delinquency. The official organ of the Institute for the study and treatment of delinquency. London, Verl. Baillière, Tindale and Co.

In Deutsch: Dora v. Caemmerer, Probation. Aufbau und Praxis des englischen Systems der Bewährungshilfe. Heft 2 der Neuen Folge der Schriftenreihe der Vereinigung für Jugendgerichte und Jugendgerichtshilfen, Verlag Steinebach, München 1952. Ferner die noch ungedruckten Hamburger Dissertationen von Alice Haidinger, Das englische Jugendgericht, 1950; Günter Baarz: Die Bekämpfung der Gewohnheitsverbrecher in England. Rechtsgeschichtliche Entwicklung und geltendes Recht, 1952. Die beiden erstgenannten dieser drei Hamburgischen Arbeiten beruhen auf gründlichen Studien in England selbst; v. Caemmerer stellt auch das britische Gerichtsverfassungsrecht dar.

Gesetz über Kriminalrechtspflege, 1948

(Criminal Justice Act, 1948 — 11 & 12 Geo. 6. Ch. 58)[1]

Anordnung der Paragraphen (sections)

Teil I

Befugnisse und Verfahren der Gerichte

Abschaffung von Zuchthaus (penal servitude), Strafarbeit (hard labour), Strafvollzugsklassen (prison divisions) und Prügelstrafe (sentence of whipping).

---

[1]) Das bedeutet: Beschlossen und verkündet im 11. und 12. Regierungsjahr Königs Georgs VI.: Gesetz Nr. 58 (nämlich des Statutes- [Gesetzes-] Verzeichnisses für das laufende Regierungsjahr). — Der Originaltext ist zu beziehen: H. M. Stationery Office, London WC 2.

Teil III

Ergänzende Bestimmungen

Anhänge[1])

[1]) Anhänge 9—11: enthaltend die durch dieses Gesetz notwendig gewordenen Änderungen und Zusätze anderer Gesetze sind, als für den deutschen Leser weniger interessant, aus Raumgründen nicht ins Deutsche übertragen worden.

Ein Gesetz, bestimmt:

Zuchthaus, Strafarbeit, Strafvollzugsklassen und Prügelstrafe abzuschaffen; das Gesetz über die Bewährung abzuändern; darüber hinaus den gesamten Strafvollzug umzugestalten und dabei seine bisherigen Methoden durch neue zu ersetzen; das Gesetz über das Verfahren der Strafgerichte, einschl. des Gesetzes über die Beweisführung vor solchen Gerichten abzuändern; Vorrechte des Hochadels in Strafprozessen zu beseitigen; Vorschriften über die Verwaltung von Gefängnissen und anderen Anstalten sowie über die Behandlung von Rechtsbrechern und anderen in Haft genommenen Personen zu erlassen; gewisse Bestimmungen, die sich auf die vorgenannten Gegenstände beziehen, wieder in Kraft zu setzen; endlich weitere damit in Zusammenhang stehende Fragen zu regeln.

Teil I

Befugnisse und Verfahren der Gerichte

Abschaffung von Zuchthaus (penal servitude), Strafarbeit (hard labour), Strafvollzugsklassen (prison divisions) und Prügelstrafe (sentence of whipping)

§ 1. Abschaffung von Zuchthaus, Strafarbeit und Strafvollzugsklassen

1. Niemand darf durch ein Gericht zu Zuchthausstrafe verurteilt werden. Eine gesetzliche Bestimmung, die ein Gericht ermächtigt, Zuchthausstrafen zu verhängen, ist in jedem Falle dahin auszulegen, daß sie lediglich die Befugnis überträgt, Gefängnisstrafe für eine Zeitdauer zu verhängen, die die höchstzulässige Dauer einer Zuchthausstrafe nicht übersteigt, auf die in diesem Falle unmittelbar vor Inkrafttreten des vorliegenden Gesetzes hätte erkannt werden können.

2. Niemand darf durch ein Gericht zu Gefängnis mit Strafarbeit verurteilt werden. Eine gesetzliche Bestimmung, die ein Gericht ermächtigt, zu Gefängnis mit Strafarbeit zu verurteilen, ist in jedem Falle dahin auszulegen, daß sie lediglich die Befugnis überträgt, für eine Zeitdauer Gefängnisstrafe zu verhängen, die die Zeitdauer nicht übersteigt, für die in diesem Fall auf eine Gefängnisstrafe mit Zwangsarbeit unmittelbar vor dem Inkrafttreten des vorliegenden Gesetzes hätte erkannt werden können. Soweit eine gesetzliche Bestimmung fordert oder zuläßt, daß bereits in Haft befindliche Personen Strafarbeit leisten, tritt sie außer Kraft.

3. Soweit eine gesetzliche Bestimmung vorsieht, daß jemand, der zu Gefängnis verurteilt oder in Haft genommen ist, dazu bestimmt ist oder werden soll, als Täter einer Sonderklasse behandelt oder in einer getrennten Abteilung untergebracht zu werden, tritt sie außer Kraft.

§ 2. Abschaffung der Prügelstrafe

Niemand darf durch ein Gericht zu Prügelstrafe verurteilt werden. Soweit eine gesetzliche Bestimmung ein Gericht ermächtigt, Prügelstrafe zu verhängen, tritt sie außer Kraft.

Bewährung (probation) und Straferlaß (discharge)

§ 3. Bewährung

1. Ist jemand von oder vor einem Gericht einer Straftat überführt (wobei es sich nicht um eine Tat handeln darf, für die eine Strafe gesetzlich vorgeschrieben ist), so kann das Gericht, anstatt den Täter zu verurteilen, Bewährung anordnen, wenn es der Ansicht ist, daß diese Maßnahme im Hinblick auf die Umstände, namentlich die Natur der Straftat sowie den Charakter des Täters angemessen ist. Bewährung anordnen heißt eine Anordnung treffen, auf Grund deren dem Täter auferlegt wird, sich für eine in der Anordnung näher zu bestimmende Zeitdauer von nicht weniger als einem und nicht mehr als drei Jahren der Aufsicht durch einen Bewährungsbeamten (probation officer) zu unterstellen.

2. Die Bewährungsanordnung (probation order) benennt das kleine Friedensgericht (petty sessional division), in dessen Bezirk der Täter seinen Wohnsitz hat oder haben wird. Dem Täter soll vorbehaltlich der Bestimmungen in Anhang 1 des vorliegenden Gesetzes, die sich auf Bewährungspflichtige beziehen, die ihren Wohnsitz wechseln, auferlegt werden, sich der Aufsicht durch einen Bewährungsbeamten zu unterstellen, der für diesen Bezirk ernannt oder bestimmt ist.

3. Abgesehen von den besonderen Bestimmungen des nächstfolgenden Paragraphen kann die Bewährungsanordnung zusätzlich dem Täter auferlegen, während der ganzen Bewährungszeit oder während eines Teiles derselben diejenigen Auflagen zu erfüllen, die das Gericht mit Rücksicht auf die Umstände des Falles für notwendig hält, um die gute Führung des Täters zu gewährleisten oder zu verhindern, daß er dieselbe Straftat noch einmal oder andere neu begeht. Unbeschadet der Befugnis des Gerichts zum Erlaß einer Anordnung nach § 11 Abs. 2 des vorliegenden Gesetzes sollen jedoch Zahlungen auf Schadensersatz oder Entschädigung für entgangenen Gewinn nicht zu den Auflagen einer Bewährungsanordnung gehören.

4. Unbeschadet der Generalklausel des vorhergehenden Absatzes kann die Bewährungsanordnung Auflagen im Hinblick auf den Wohnsitz des Täters enthalten. Jedoch soll

a) das Gericht die häusliche Umgebung des Täters berücksichtigen, ehe es eine Anordnung mit einer derartigen Auflage erläßt;

b) der Name der Anstalt und die Zeitdauer, für die dem Täter dort zu verbleiben auferlegt ist, in der Anordnung näher bezeichnet sein, wenn diese den Täter anweist, in einer anerkannten Bewährungsherberge (approved probation hostel), einem anerkannten Bewährungsheim (approved probation home) oder einer sonstigen Anstalt Aufenthalt zu nehmen. Die erwähnte Zeitdauer soll zwölf Monate vom Tage der Bekanntgabe der Anordnung an nicht überschreiten.

5. Bevor es die Bewährungsanordnung erläßt, soll das Gericht dem Täter in einfachen Redewendungen die Folgen der Anordnung erklären (einschl. zusätzlicher Auflagen, wie sie etwa nach Absatz 3 und 4 dieses Paragraphen oder nach dem nächstfolgenden Paragraphen darin aufgenommen werden sollen). Es soll ihn weiter darauf hinweisen, daß er, wenn er sich nicht an die Anordnung hält oder eine weitere Straftat begeht, wegen der ursprünglichen Straftat verurteilt wird. Ist der Täter bereits 14 Jahre alt, so darf das Gericht die Anordnung nicht erlassen, ehe der Täter sich nicht bereiterklärt, die darin enthaltenen Auflagen zu erfüllen.

6. Das Gericht, das die Bewährungsanordnung erlassen hat, soll Ausfertigungen der Anordnung unverzüglich einem ihm zugewiesenen Bewährungsbeamten zuleiten, der seinerseits je eine Ausfertigung dem Täter, dem Bewährungsbeamten, der für seine Beaufsichtigung verantwortlich ist, und demjenigen übergibt, dessen Leitung die Anstalt untersteht, die dem Bewährungspflichtigen durch die Anordnung zum Aufenthalt zugewiesen ist. Außerdem soll das Gericht, sofern es nicht selbst das beaufsichtigende Gericht ist, eine Ausfertigung der Anordnung zusammen mit denjenigen Urkunden und zu dem Fall gehörenden Unterlagen, die nach seiner Auffassung von Wert für das beaufsichtigende Gericht sein könnten, dem rechtskundigen Beamten (clerk to the justices) des in der Anordnung genannten kleinen Friedensgerichts zustellen.

7. Soweit eine Bewährungsanordnung dem Täter auferlegt, in einer Anstalt Aufenthalt zu nehmen, die nicht

a) eine anerkannte Bewährungsherberge oder ein anerkanntes Bewährungsheim oder

b) eine Anstalt ist, die ihm mit Rücksicht auf Behandlungszwecke zum Aufenthalt zugewiesen ist, wie sie in Absatz 2a oder b des nächstfolgenden Paragraphen vorgesehen sind,

hat das Gericht sofort den Innenminister (Secretary of State) von den Bestimmungen der Anordnung in Kenntnis zu setzen.

§ 4. Bewährungsanordnungen mit der Auflage, eine Behandlung wegen des Geisteszustandes durchzuführen

1. Steht auf Grund des Gutachtens eines approbierten Facharztes, der ihm in der Bestimmung geistiger Erkrankungen genügend erfahren erscheint, für das Gericht fest, daß der Geisteszustand des Täters zwar nicht dessen Kennzeichnung als Geisteskranker nach dem Gesetz über die Geisteskrankheiten von 1890 (Lunacy Act, 1890) oder als Geistes-

schwacher nach dem Gesetz über geistige Mängel von 1913 (Mental Deficiency Act, 1913) rechtfertigt, wohl aber eine Behandlung nahelegt und aussichtsreich erscheinen läßt, so kann es, wenn es eine Bewährungsanordnung erläßt, eine Auflage darin aufnehmen, nach welcher der Täter sich für eine in der Anordnung näher zu bestimmende Zeitdauer von nicht mehr als zwölf Monaten vom Tage ihrer Bekanntgabe an der Behandlung von seiten oder nach den Weisungen eines approbierten Facharztes zu unterziehen hat. Ziel dieser Behandlung soll die Besserung seines Geisteszustandes sein.

2. Die in einer solchen Anordnung auferlegte Behandlung soll nach genauerer Angabe der Anordnung von einer der nachfolgend aufgeführten Arten sein:

a) Behandlung als Patient auf eigenen Wunsch nach § 1 des Gesetzes über die Behandlung geistiger Störungen von 1930 (Mental Treatment Act, 1930) in einer von der Anordnung näher zu bezeichnenden Anstalt im Sinne jenes Gesetzes oder in einem entsprechend zu bezeichnenden Krankenhaus, Pflegeheim oder einer sonstigen vom Gesundheitsminister für die Zwecke des erwähnten § 1 zugelassenen Stätte oder unter der Obhut einer ebenso zu bezeichnenden, in gleicher Weise zugelassenen Einzelperson;

b) Behandlung als ständiger Insasse einer in der Anordnung näher zu bezeichnenden Anstalt oder sonstigen durch den oben genannten Minister für die Zwecke jenes Paragraphen zugelassenen Stätte;

c) Behandlung als nicht ständiger Insasse einer in der Anordnung näher zu bezeichnenden Anstalt oder Stätte;

d) Behandlung von seiten oder nach den Weisungen eines in der Anordnung näher zu bezeichnenden approbierten Facharztes.

Darüber hinaus soll jedoch die Art der Behandlung nicht näher vorgeschrieben werden.

3. Ein Gericht darf eine Bewährungsanordnung, die eine Auflage der oben bezeichneten Art enthält, erst erlassen, wenn es sich überzeugt hat, daß für die Behandlung, deren nähere Bezeichnung in der Anordnung beabsichtigt ist, und, wenn der Täter als Patient auf eigenen Wunsch oder als ständiger Insasse behandelt werden soll, für seine Aufnahme die notwendigen Vorkehrungen getroffen sind.

4. Während der Bewährungspflichtige sich in Erfüllung einer Auflage der Bewährungsanordnung als Patient auf eigenen Wunsch oder als ständiger Insasse in Behandlung befindet, darf der für seine Beaufsichtigung verantwortliche Bewährungsbeamte die Aufsicht nur in solchem Umfange ausüben, wie notwendig ist, um eine Aufhebung oder Abänderung der Anordnung herbeizuführen.

5. Ist der Facharzt, von dem oder nach dessen Weisungen ein Bewährungspflichtiger in Erfüllung einer Bewährungsanordnung wegen seines Geisteszustandes behandelt wird, der Meinung, daß ein Teil der Behandlung besser oder passender in oder an einer Anstalt oder Stätte vorgenommen wird, die zwar in der Anordnung nicht genannt

ist, bei der es sich aber um eine Anstalt oder Stätte handelt, in oder an der die Behandlung des Bewährungspflichtigen von seiten oder nach den Weisungen eines approbierten Facharztes stattfinden kann, so kann er mit Zustimmung des Bewährungspflichtigen Vorkehrungen für eine entsprechende Behandlung treffen. Dabei kann vorgesehen werden, daß der Bewährungspflichtige einen Teil seiner Behandlung als ständiger Insasse auch einer solchen Anstalt empfängt, die nicht zu denjenigen gehört, die in der Bewährungsanordnung hätten genannt werden können.

6. Sind solche in dem vorhergehenden Absatz erwähnten Vorkehrungen für die Behandlung eines Bewährungspflichtigen getroffen, so

a) hat der Facharzt, der sie veranlaßt hat, den für die Beaufsichtigung des Bewährungspflichtigen verantwortlichen Bewährungsbeamten schriftlich in Kenntnis zu setzen und dabei die Anstalt oder Stätte näher zu bezeichnen, in oder an der die Behandlung durchgeführt werden soll;

b) ist die durch sie vorgesehene Behandlung als eine solche anzusehen, der sich der Bewährungspflichtige in Erfüllung der Bewährungsanordnung zu unterziehen haben würde.

7. Unter Berücksichtigung des nachfolgenden Vorbehalts kann ein schriftlicher Bericht über den Geisteszustand einer Person, der von einem approbierten Facharzt mit Erfahrung in der Bestimmung geistiger Erkrankungen unterzeichnet ist, im Sinne von Absatz 1 dieses Paragraphen ohne Nachprüfung der Unterschrift, Eignung oder Erfahrung des Arztes als Beweismittel dienen. Dies gilt jedoch nur dann, wenn derjenige, auf den sich der Bericht bezieht, bzw. für den Fall, daß er noch nicht siebzehn Jahre alt ist, sein Vater oder Vormund zustimmt, es sei denn, daß weder Vater noch Vormund vorhanden sind.

8. Besteht entweder der Betreffende selbst, über dessen Geisteszustand ein Gutachten im Sinne von Absatz 1 dieses Paragraphen vorliegt, bzw. für den Fall, daß er noch nicht siebzehn Jahre alt ist, sein Vater oder Vormund darauf, daß Gegenbeweis zugelassen wird, so darf das Gericht in seinem Fall eine Bewährungsanordnung mit einer Auflage, wie sie nach diesem Paragraphen erteilt werden kann, erst dann erlassen, wenn entweder ihm oder aber seinem Vater oder Vormund Gelegenheit gegeben worden ist, einen solchen Gegenbeweis zu führen.

9. Außer in den in diesem Paragraphen vorgesehenen Fällen darf das Gericht keine Bewährungsanordnung erlassen, durch die einem Bewährungspflichtigen auferlegt wird, sich einer Behandlung wegen seines Geisteszustandes zu unterziehen.

§ 5. Aufhebung, Abänderung und Überprüfung von Bewährungsanordnungen

1. Für die Aufhebung oder Abänderung von Bewährungsanordnungen gelten die Bestimmungen in Anhang 1 des vorliegenden Gesetzes.

2. Enthält eine Bewährungsanordnung in ihrer ursprünglichen oder nach Anhang 1 abgeänderten Fassung die Auflage an den Bewährungs-

pflichtigen, für eine Zeitdauer von mehr als sechs Monaten von der Bekanntgabe entweder der ursprünglichen oder der abgeänderten Fassung der Anordnung in einer anerkannten Bewährungsherberge, einem Bewährungsheim oder einer anderen Anstalt Aufenthalt zu nehmen (abgesehen von dem Fall, daß dies zum Zwecke einer Behandlung wegen seines Geisteszustandes als freiwilliger Patient oder ständiger Insasse geschieht), so hat der Bewährungsbeamte sobald als möglich nach Ablauf von sechs Monaten nach dieser Bekanntgabe dem beaufsichtigenden Gericht über den Fall zu berichten.

3. Nach dem Empfang eines solchen Berichts überprüft das beaufsichtigende Gericht die Bewährungsanordnung daraufhin, ob es angebracht ist, die Aufenthaltsauflage aufzuheben oder ihre Dauer herabzusetzen, und es kann im bejahenden Fall die Anordnung entsprechend abändern, ohne daß es dazu eines besonderen Antrags bedarf.

4. Wird der Bewährungspflichtige nach den anschließenden Bestimmungen in diesem Teil des Gesetzes wegen der Straftat verurteilt, für die ihm Bewährung zugebilligt war, so tritt die Bewährungsanordnung außer Kraft.

§ 6. Nichterfüllung der Auflage einer Bewährungsanordnung

1. Wenn zu irgend einem Zeitpunkt während des Laufes der Bewährung einem Friedensrichter, dem im Folgenden die Zuständigkeit dafür übertragen ist, angezeigt wird, daß der Bewährungspflichtige eine Auflage der Bewährungsanordnung nicht erfüllt hat, so kann der Richter den Bewährungspflichtigen durch Ladung unter Angabe von Ort und Zeit zum Erscheinen auffordern oder, wenn es sich um eine schriftliche und beeidigte Anzeige handelt, einen Haftbefehl gegen ihn erlassen.

2. Folgende Richter sind für die Maßnahmen des vorhergehenden Absatzes zuständig:

a) wenn die Bewährungsanordnung von einem Gericht mit summarischem Verfahren (Court of summary jurisdiction) erlassen wurde, jeder Richter, der das Gericht unterster Instanz in dem Bezirk oder Ort vertritt, für den dieses Gericht oder das beaufsichtigende Gericht zuständig ist;

b) in allen anderen Fällen jeder Richter, der das Gericht unterster Instanz in dem Bezirk oder Ort vertritt, für den das beaufsichtigende Gericht zuständig ist.

In einer Ladung oder einem Haftbefehl, die nach diesem Paragraphen ergehen, ist anzuordnen, daß der Bewährungspflichtige vor einem Gericht mit summarischem Verfahren erscheint oder vorgeführt wird, das zur Zuständigkeit des Gerichts unterster Instanz in dem Bezirk oder Ort gehört, an dem der die Ladung oder den Haftbefehl veranlassende Richter tätig ist.

3. Wenn dem Gericht, vor dem ein Bewährungspflichtiger nach diesem Paragraphen erscheint oder vorgeführt wird, einwandfrei nach-

gewiesen ist, daß der Bewährungspflichtige eine der Auflagen der Bewährungsanordnung nicht erfüllt hat, so kann es ihm im Hinblick auf dieses Versagen, ohne damit zugleich über den Fortbestand der Bewährungsanordnung zu entscheiden, eine Geldbuße von nicht mehr als 10 Pfund auferlegen, bzw. in einem Fall, auf den § 19 des vorliegenden Gesetzes Anwendung findet, nach diesem Paragraphen eine Anordnung treffen, durch die dem Bewährungspflichtigen auferlegt wird, ein Beaufsichtigungsheim (attendance centre) aufzusuchen. Es kann aber auch,

a) wenn die Bewährungsanordnung von einem Gericht mit summarischem Verfahren erlassen wurde, wegen der Straftat, die den Anlaß zu der Bewährungsanordnung gegeben hat, dieselben Maßnahmen gegen den Bewährungspflichtigen treffen, die es hätte treffen können, als es ihn seinerzeit wegen jener Straftat für schuldig erklärte;
b) wenn die Bewährungsanordnung von einem Geschworenen- oder Quartalsgericht (Court of assizes or quarter sessions) erlassen wurde, den Bewährungspflichtigen festsetzen oder gegen Kaution (mit oder ohne Sicherheit) freilassen, bis er dem Geschworenen- oder Quartalsgericht vorgeführt werden oder dort erscheinen kann.

4. Behandelt das Gericht mit summarischem Verfahren den Fall entsprechend den Bestimmungen des vorhergehenden Absatzes, so

a) soll das Gericht dem Geschworenen- oder Quartalsgericht eine von einem Friedensrichter unterzeichnete Erklärung zugehen lassen, in der festgestellt wird, daß der Bewährungspflichtige bestimmte, in der Erklärung zusammen mit anderen für erforderlich gehaltenen Einzelheiten des Falles aufgeführte Auflagen nicht erfüllt hat; eine in dieser Weise unterzeichnete Erklärung gilt vor dem Geschworenen- oder Quartalsgericht als Beweis für die Nichterfüllung;
b) kann das Geschworenen- oder Quartalsgericht, dem der Bewährungspflichtigende vorgeführt wird oder vor dem er erscheint und dem dabei einwandfrei nachgewiesen wird, daß der Bewährungspflichtige eine der Auflagen der Bewährungsanordnung nicht erfüllt hat, wegen der Straftat, die den Anlaß zu der Bewährungsanordnung gegeben hat, dieselben Maßnahmen gegen den Bewährungspflichtigen treffen, die es hätte treffen können, als dieser seinerzeit von ihm wegen jener Straftat für schuldig erklärt wurde.

5. Eine nach diesem Paragraphen wegen Nichterfüllens von Auflagen einer Bewährungsanordnung verhängte Geldstrafe gilt im Sinne einer gesetzlichen Bestimmung als Betrag, auf den durch Verurteilung erkannt ist.

6. Hat ein Bewährungspflichtiger, dem durch die Bewährungsanordnung auferlegt ist, sich wegen seines Geisteszustandes einer Behandlung zu unterziehen, nach Auffassung des Gerichts einen bei Berücksichtigung aller Umstände stichhaltigen Grund, eine chirurgische, elektrische oder sonstige Behandlung abzulehnen, so darf er nicht einzig wegen dieser Weigerung behandelt werden, als hätte er im Sinne dieses Paragraphen die erwähnte Auflage nicht erfüllt. Ebensowenig dürfen unbeschadet der Vorschriften in § 8 des vorliegenden Gesetzes, gegen

einen Bewährungspflichtigen, der wegen einer während der Bewährungszeit begangenen Straftat für schuldig erklärt worden ist, auf Grund dessen Maßnahmen getroffen werden, wie sie in diesem Paragraphen für den Fall vorgesehen sind, daß er eine Auflage der Bewährungsanordnung nicht erfüllt.

§ 7. Voller und bedingter Straferlaß

1. Ist ein Gericht, von oder vor dem jemand einer Straftat überführt ist (wobei es sich nicht um eine Tat handeln darf, für die eine Strafe gesetzlich vorgeschrieben ist), mit Rücksicht auf die Umstände, namentlich die Natur der Straftat und den Charakter des Täters, der Auffassung, daß es unzweckmäßig ist, eine Strafe zu verhängen, und daß eine Bewährungsanordnung nicht am Platze ist, so kann es entweder vollen Straferlaß gewähren oder, wenn es dies für richtiger hält, Straferlaß unter der Bedingung, daß der Täter während eines in der entsprechenden Anordnung näher zu bestimmenden Zeitabschnitts von nicht mehr als zwölf Monaten nach der Verkündung der Anordnung keine weitere Straftat begeht.

2. Eine Anordnung, durch die jemandem Straferlaß unter der eben erwähnten Bedingung gewährt ist, wird in dem vorliegenden Gesetz angeführt als „Anordnung über bedingten Straferlaß" („order for conditional discharge"), und der in einer solchen Anordnung näher bezeichnete Zeitabschnitt als „Zeit des bedingten Straferlasses" („the period of conditional discharge").

3. Bevor es bedingten Straferlaß gewährt, soll das Gericht dem Täter in einfachen Redewendungen erklären, daß er wegen der ursprünglichen Straftat verurteilt wird, wenn er während der Zeit des bedingten Straferlasses eine neue Straftat begeht.

4. Wird jemand, dem nach diesem Paragraphen bedingter Straferlaß gewährt war, nach den anschließenden Bestimmungen in diesem Teil des Gesetzes für das Vergehen bestraft, wegen dessen die Anordnung über bedingten Straferlaß ergangen war, so tritt diese Anordnung außer Kraft.

§ 8. Begehung weiterer Straftaten

1. Wenn ein Richter oder ein Friedensrichter, dem im Folgenden die Zuständigkeit dafür übertragen ist, Kenntnis davon erhält, daß jemand, in dessen Fall eine Bewährungsanordnung oder eine Anordnung über bedingten Straferlaß ergangen ist, von einem Gericht in irgendeinem Teil Englands wegen einer Straftat, die er während der Bewährungszeit oder während der Zeit des bedingten Straferlasses begangen hat, für schuldig erklärt und bestraft worden ist, so kann der Richter oder Friedensrichter ihn durch Ladung unter Angabe von Ort und Zeit zum Erscheinen auffordern oder einen Haftbefehl gegen ihn erlassen. Dies gilt mit der Einschränkung, daß der Friedensrichter eine solche Ladung erst auf Anzeige hin vornehmen und einen Haftbefehl nur bei schriftlicher und beeidigter Anzeige erlassen darf.

2. Folgende Personen sind für die Maßnahmen des vorhergehenden Absatzes zuständig:

a) wenn die Bewährungsanordnung oder die Anordnung über bedingten Straferlaß von dem Zentralen Strafgericht (Central Criminal Court) erlassen ist, ein Richter dieses Gerichts;

b) wenn die Anordnung von einem anderen Geschworenengericht als dem Zentralen Strafgericht erlassen wurde, ein Richter des Obergerichts (High Court) oder ein überweisender Richter;

c) wenn die Anordnung von einem Quartalsgericht erlassen wurde, ein in der Grafschaft oder dem Ort, wo dieses Gericht getagt hatte, zuständiger oder ein überweisender Richter;

d) wenn die Anordnung von einem Gericht mit summarischem Verfahren erlassen wurde, ein Richter, der das Gericht unterster Instanz in dem Bezirk oder Ort vertritt, für den das Gericht zuständig ist;

e) für den Fall, daß die Bewährungsanordnung von einem sonstigen Gericht erlassen wurde, ein Richter, der das Gericht unterster Instanz in dem Bezirk oder Ort vertritt, für den das beaufsichtigende Gericht zuständig ist.

3. In einer Ladung oder einem Haftbefehl, die nach diesem Paragraphen ergehen, ist anzuordnen, daß der in der beschriebenen Weise für schuldig Erklärte vor dem Gericht erscheint oder vorgeführt wird, von dem die Bewährungsanordnung oder die Anordnung über bedingten Straferlaß stammt.

a) Ist jedoch dieses Gericht ein Gericht mit summarischem Verfahren und erfolgen Ladung oder Haftbefehl durch einen Richter, der das Gericht unterster Instanz in dem Bezirk vertritt, für den das beaufsichtigende Gericht zuständig ist, so können die Ladung oder der Haftbefehl anordnen, daß der Betreffende vor dem beaufsichtigenden Gericht erscheint oder vorgeführt wird.

b) Verlangt der Haftbefehl, daß der Betreffende einem Geschworenen- oder Quartalsgericht vorgeführt wird, und kann dies nicht sofort geschehen, weil ein solches Gericht zu diesem Zeitpunkt nicht tagt, so gilt der Haftbefehl, als hätte er die Vorführung des Genannten vor einem Gericht mit summarischem Verfahren des Ortes in Großbritannien angeordnet, an dem er verhaftet ist. Das Gericht mit summarischem Verfahren setzt ihn fest oder läßt ihn gegen Kaution (mit oder ohne Sicherheit) frei, bis er dem Geschworenen- oder Quartalsgericht vorgeführt werden oder vor ihm erscheinen kann.

4. Wird jemand, in dessen Fall eine Bewährungsanordnung oder eine Anordnung über bedingten Straferlaß von einem Geschworenen- oder Quartalsgericht erlassen ist, wegen einer während der Bewährungszeit oder der Zeit des bedingten Straferlasses begangenen Straftat für schuldig erklärt und bestraft, so kann das Gericht mit summarischem Verfahren den Bewährungspflichtigen festsetzen oder gegen Kaution (mit oder ohne Sicherheit) freilassen, bis er vor dem Gericht erscheinen oder vorgeführt werden kann, von dem die Anordnung stammt. Für den Fall, daß es so verfährt, soll das Gericht mit summarischem Verfahren

dem Geschworenen- oder Quartalsgericht eine Abschrift des Protokolls oder der Urkunde der Schuldigerklärung übersenden, die in das Register aufgenommen ist, das nach § 22 des Gesetzes über das summarische Verfahren von 1879 (Summary Jurisdiction Act, 1879) geführt werden muß, und die der Urkundsbeamte des Gerichts, bei dem das Register geführt wird, unterzeichnet hat.

5. Wird dem Gericht, das eine Bewährungsanordnung oder eine Anordnung über bedingten Straferlaß ausgesprochen hat, oder, wenn die Anordnung (soweit es sich um eine Bewährungsanordnung handelt) von einem Gericht mit summarischem Verfahren erlassen ist, diesem oder dem beaufsichtigenden Gericht einwandfrei nachgewiesen, daß derjenige, in dessen Fall jene Anordnung ergangen war, wegen einer Straftat, die er während der Bewährungszeit oder während der Zeit des bedingten Straferlasses begangen hat, für schuldig erklärt und bestraft worden ist, so kann das Gericht wegen der Straftat, die den Anlaß zu der Anordnung gegeben hat, dieselben Maßnahmen gegen den Betreffenden ergreifen, die es hätte treffen können, wenn er von oder vor jenem Gericht wegen jener Straftat für schuldig erklärt worden wäre.

6. Wird jemand, in dessen Fall von einem Gericht mit summarischem Verfahren eine Bewährungsanordnung oder eine Anordnung über bedingten Straferlaß ausgesprochen worden ist, vor einem Geschworenen- oder Quartalsgericht wegen einer Straftat für schuldig erklärt, die er während der Bewährungszeit oder der Zeit des bedingten Straferlasses begangen hat, oder wird er wegen einer in gleichem Zusammenhang begangenen Straftat, wegen deren er einem Geschworenen- oder Quartalsgericht zur Aburteilung übergeben war, bestraft, so kann das Geschworenen- oder Quartalsgericht wegen der Straftat, die den Anlaß zu der Anordnung gegeben hat, dieselben Maßnahmen gegen den Betreffenden ergreifen, die es hätte treffen können, wenn es ihn wegen jener Straftat für schuldig erklärt hätte.

7. Wird jemand, in dessen Fall von einem Gericht mit summarischem Verfahren eine Bewährungsanordnung oder eine Anordnung über bedingten Straferlaß ausgesprochen worden ist, von einem anderen Gericht mit summarischem Verfahren wegen einer Straftat für schuldig erklärt, die er während der Bewährungszeit oder der Zeit des bedingten Straferlasses begangen hat, so kann dieses Gericht mit Einverständnis des Gerichts, das die Anordnung erlassen hat, oder, wenn es sich um eine Bewährungsanordnung handelt, mit Einverständnis dieses oder des beaufsichtigenden Gerichts wegen der Straftat, die den Anlaß zu der Anordnung gegeben hat, dieselben Maßnahmen gegen den Betreffenden ergreifen, die es hätte treffen können, wenn es ihn wegen jener Straftat für schuldig erklärt hätte.

8. Der in dem vorliegenden Paragraphen verwandte Ausdruck „überweisender Richter" schließt in Fällen, wo es sich um den Erlaß einer Bewährungsanordnung oder einer Anordnung über bedingten Straferlaß durch ein Geschworenen- oder Quartalsgericht handelt, jeden Richter ein, der das Gericht unterster Instanz in dem Bezirk oder Ort

vertritt, für den die Richter zuständig waren, durch die der Betroffene zur Verhandlung oder Aburteilung überwiesen wurde.

§ 9. Bewährungsanordnungen gegenüber Personen, die ihren Wohnsitz in Schottland haben

1. Wird dem Gericht, das eine Bewährungsanordnung nach § 3 des vorliegenden Gesetzes erläßt, bekannt, daß der Täter seinen Wohnsitz in Schottland hat oder haben wird, so findet § 3 Absatz 2 des vorliegenden Gesetzes auf diese Anordnung keine Anwendung. Dafür soll die Anordnung

a) als zuständiges Gericht für die Maßnahmen jenes Paragraphen ein Gericht mit summarischem Verfahren bezeichnen, das für den in Schottland gelegenen Bewährungsbezirk zuständig ist, in dem der Täter seinen Wohnsitz hat oder haben wird;

b) dem Täter auferlegen, sich der Aufsicht durch eine Person zu unterstellen, die von dem zuständigen Gericht in Übereinstimmung mit den Vorschriften des § 4 des schottischen Bewährungsgesetzes von 1931 (Probation of Offenders Act — Scotland —, 1931) eingesetzt ist.

2. Ist eine Bewährungsanordnung nach § 3 des vorliegenden Gesetzes ergangen oder auf Grund des nachfolgenden Paragraphen wirksam geworden, als wenn sie in dieser Weise ergangen wäre, und wird dem beaufsichtigenden Gericht bekannt, daß der Bewährungspflichtige beabsichtigt, seinen Wohnsitz in Schottland zu nehmen oder daß er ihn bereits dort hat, so schließt die Befugnis dieses Gerichts, die Anordnung nach Anhang 1 des vorliegenden Gesetzes abzuändern, die Befugnis ein, die Abänderung dadurch vorzunehmen, daß der Name des in der Anordnung bezeichneten kleinen Friedensgerichts fortfällt und daß nunmehr die in Absatz 1 dieses Paragraphen vorgesehenen Eintragungen aufgenommen werden. Das Gericht kann die Anordnung in dieser Weise abändern, ohne den Bewährungspflichtigen zu laden und ohne seine Zustimmung einzuholen. War jedoch die ursprüngliche Anordnung von einem Gericht in Schottland nach dem Bewährungsgesetz von 1907 (Probation of Offenders Act, 1907) erlassen, so soll dieses Gericht als das zuständige in der abgeänderten Anordnung bezeichnet werden.

3. Ohne Rücksicht auf die vorhergehenden Bestimmungen soll eine Anordnung, die nach diesem Paragraphen erlassen oder abgeändert ist, dem Täter nicht auferlegen, eine Anstalt aufzusuchen oder sich wegen seines Geisteszustandes einer Behandlung zu unterziehen, wenn sie damit der Befugnis eines Gerichts in Schottland vorgreift, nach dem folgenden Absatz eine solche Auflage zu erteilen.

4. Im Sinne des in Schottland geltenden Bewährungsrechts gilt jede Anordnung, die nach dem Vorhergehenden erlassen oder abgeändert ist, als wenn es eine von dem zuständigen Gericht nach dem Bewährungsgesetz von 1907 erlassene Anordnung wäre und als wenn die in der Anordnung enthaltenen Auflagen die Bedingungen einer nach jenem Gesetz übernommenen Schuldverpflichtung wären. § 5 Ab-

satz 1—3 sowie § 6 Absatz 1 und 2 des vorliegenden Gesetzes finden auf eine solche Anordnung keine Anwendung. Zugleich finden auch (abgesehen von dem Fall, daß die Anordnung ursprünglich von einem Gericht in Schottland nach dem Bewährungsgesetz von 1907 erlassen und dann nach Absatz 2 dieses Paragraphen abgeändert worden ist) § 6 Absatz 5 des genannten Gesetzes von 1907 (der ein Gericht ermächtigt, einen Bewährungspflichtigen wegen seiner ursprünglichen Straftat für schuldig zu erklären und zu bestrafen) und § 8 Absatz 6 des schottischen Bewährungsgesetzes von 1931 (der ein Gericht ermächtigt, einen Bewährungspflichtigen zu Haft in einer Borstalanstalt zu verurteilen) keine Anwendung, und Ziffer b) in Absatz 5 des erwähnten § 8 gilt, als wenn die Worte „anstatt den Täter wegen der ursprünglichen Straftat zu verurteilen und" nicht darin enthalten wären.

5. Wenn für das zuständige oder sonst ein Gericht, das ermächtigt ist, dessen Befugnisse nach dem Bewährungsgesetz von 1907 und dem schottischen Bewährungsgesetz von 1931 wahrzunehmen, feststeht, daß der Bewährungspflichtige irgendeine Bedingung der Schuldverpflichtung einzuhalten versäumt hat, so kann es, anstatt auf eine in den genannten Gesetzen ihm zugestandene Weise mit dem Bewährungspflichtigen zu verfahren, ihn festsetzen oder ihn gegen Kaution freilassen, bis er dem Gericht in England, das die Bewährungsanordnung erlassen hat, vorgeführt werden oder vor ihm erscheinen kann. Setzt das Gericht ihn auf diese Weise fest oder läßt es ihn gegen Bürgschaft frei, so

a) hat es dem besagten Gericht in England eine Erklärung zu übersenden, in der festgestellt wird, daß der Bewährungspflichtige bestimmte, in der Erklärung zusammen mit anderen für erforderlich gehaltenen Einzelheiten des Falles aufgeführte Auflagen nicht erfüllt hat;
b) hat das angerufene Gericht dieselben Befugnisse, als wenn der Bewährungspflichtige ihm auf Grund eines nach § 6 Absatz 1 des vorliegenden Gesetzes ergangenen Haftbefehls oder einer Ladung vorgeführt worden oder vor ihm erschienen wäre.

Eine von dem für die Geschäftsführung verantwortlichen Beamten des Gerichts, durch das ein Bewährungspflichtiger in dieser Weise festgesetzt oder gegen Kaution freigelassen ist, unterzeichnete Erklärung gilt vor dem Gericht, das die Bewährungsanordnung erlassen hat, als Beweis für die Nichterfüllung.

6. In Bezug auf eine nach diesem Paragraphen erlassene oder abgeänderte Bewährungsanordnung hat das zuständige Gericht die Befugnisse nach § 8 Absatz 1 des vorliegenden Gesetzes. Ziffer a) des Vorbehalts zu Absatz 3 jenes Paragraphen findet auf eine Ladung oder einen Haftbefehl, der nach ihm durch das genannte Gericht erlassen ist, keine Anwendung.

7. Das Gericht, das eine Bewährungsanordnung nach diesem Paragraphen erlassen oder abgeändert hat, soll drei Ausfertigungen der ursprünglichen oder abgeänderten Anordnung zusammen mit denjenigen Urkunden und zu dem Fall gehörenden Unterlagen, die nach

seiner Auffassung von Wert für dieses Gericht sein könnten, dem für die Geschäftsführung verantwortlichen Gerichtsbeamten des zuständigen Gerichts zuleiten. § 3 Absatz 6 bzw. Abschnitt 6 in Anhang 1 des vorliegenden Gesetzes finden auf eine solche Anordnung keine Anwendung.

8. Ändert ein Gericht in Schottland eine entsprechend Absatz 1 dieses Paragraphen erlassene oder eine von einem Gericht in England erlassene und nach Absatz 2 dieses Paragraphen abgeänderte Bewährungsanordnung nach dem folgenden Paragraphen mit Rücksicht darauf ab, daß der Bewährungspflichtige seinen Wohnsitz in England hat oder zu nehmen beabsichtigt, so findet dieser Paragraph auf die Anordnung keine Anwendung mehr und die Anordnung gilt, als wenn sie nach § 3 des vorliegenden Gesetzes für den Fall einer in England wohnenden Person ergangen wäre.

§ 10. Schottische Bewährungsanordnungen gegenüber Personen, die ihren Wohnsitz in England haben

1. Wird dem Gericht in Schottland, das nach dem Bewährungsgesetz von 1907 eine Bewährungsanordnung erlassen hat, bekannt, daß der Täter seinen Wohnsitz in England hat oder haben wird, so soll die Schuldverpflichtung, die zu übernehmen ihm als Voraussetzung für seine Freistellung nach dem genannten Gesetz auferlegt war, die in § 2 Absatz 1 jenes Gesetzes aufgeführten Bedingungen nicht enthalten, wohl aber die andere, daß er sich der Aufsicht eines Bewährungsbeamten unterstellt, der für das kleine Friedensgericht, in dessen Bezirk der Täter seinen Wohnsitz hat oder haben wird, ernannt oder bestimmt ist. In der Anordnung ist dabei der Bezirk und nicht der Beamte zu benennen.

2. Ist eine Bewährungsanordnung von einem Gericht in Schottland nach dem Bewährungsgesetz von 1907 erlassen oder auf Grund des vorhergehenden Paragraphen wirksam geworden, als wenn sie in dieser Weise erlassen wäre, und wird dem Gericht in Schottland, das die Befugnis hat, die Bedingungen der zur Durchführung der Anordnung übernommenen Schuldverpflichtung abzuändern, bekannt, daß der Bewährungspflichtige seinen Wohnsitz in England hat oder zu nehmen beabsichtigt, so schließt die Befugnis des Gerichts, jene Bedingungen abzuändern, die Befugnis ein, den darin aufgeführten Namen des Bewährungsbeamten zu entfernen und die in Absatz 1 des genannten Paragraphen vorgesehenen Eintragungen einzusetzen.

3. Ohne Rücksicht auf die Besonderheiten, die sich aus der Anwendung des Bewährungsgesetzes von 1907 in Schottland ergeben, sollen die Bedingungen einer Schuldverpflichtung, die für die Durchführung einer in Übereinstimmung mit Absatz 1 dieses Paragraphen erlassenen Anordnung übernommen sind, sowie die nach dem vorhergehenden Absatz abgeänderten Bedingungen einer Schuldverpflichtung dem Täter nicht auferlegen, eine Anstalt aufzusuchen oder sich wegen seines Geisteszustandes einer Behandlung zu unterziehen, wenn sie damit einer Befugnis des beaufsichtigenden Gerichts vorgreifen, nach dem folgenden Absatz eine solche Auflage zu erteilen.

4. Im Sinne des vorliegenden Gesetzes hat eine Anordnung der vorerwähnten Art dieselbe Wirkung wie eine nach § 3 des vorliegenden Gesetzes erlassene Bewährungsanordnung. Entsprechend gelten Bedingungen der im Zusammenhang damit genannten Schuldverpflichtung als Auflagen der Anordnung. Jedoch finden (außer wenn die ursprüngliche Anordnung nach § 3 des vorliegenden Gesetzes erlassen war und die als im Sinne dieser Anordnung übernommen angesehenen Bedingungen der Schuldverpflichtung nach Absatz 2 dieses Paragraphen geändert worden sind)

a) § 6 Absatz 2 Ziffer a), § 6 Absatz 3 Ziffer a), § 6 Absatz 4 Ziffer b) sowie § 8 des vorliegenden Gesetzes keine Anwendung;
b) gilt § 6 Absatz 2 Ziffer b), als wenn die Worte „in allen anderen Fällen" fehlten;
c) gilt § 6 Absatz 3 Ziffer b) und § 6 Absatz 4 Ziffer a), als wenn die darin enthaltenen Bezugnahmen auf ein Geschworenen- oder Quartalsgericht und das Geschworenen- oder Quartalsgericht selbst durch Bezugnahmen auf ein Gericht in Schottland bzw. durch das Gericht in Schottland ersetzt wären, das die Bewährungsanordnung erlassen hat.

5. Wenn einem Richter, der das Gericht unterster Instanz in dem Bezirk oder Ort vertritt, für den das beaufsichtigende Gericht zuständig ist, angezeigt wird, daß jemand, in dessen Fall eine Bewährungsanordnung nach diesem Paragraphen erlassen oder abgeändert ist, wegen einer während des in der Anordnung näher bezeichneten Zeitabschnitts begangenen Straftat von einem Gericht in irgendeinem Teil Großbritanniens für schuldig erklärt worden ist, so kann er den Betreffenden in einer Ladung unter Angabe von Ort und Zeit zum Erscheinen vor dem Gericht in Schottland auffordern, das die Bewährungsanordnung erlassen hat, bzw. einen Haftbefehl mit der Anweisung erlassen, daß der Betreffende dem letzterwähnten Gericht vorgeführt wird, wenn es sich um eine schriftliche und beeidigte Aussage handelt.

6. Das Gericht, das die Bewährungsanordnung erlassen oder die Bedingungen der Schuldverpflichtung entsprechend den Bestimmungen dieses Paragraphen geändert hat, soll drei Ausfertigungen der Anordnung (einschließlich der Bürgschaft) zusammen mit denjenigen Urkunden und zu dem Fall gehörenden Unterlagen, die nach seiner Auffassung von Wert für das beaufsichtigende Gericht sein könnten, dem rechtskundigen Beamten des in der Anordnung benannten kleinen Friedensgerichts zuleiten.

7. Wenn ein Haftbefehl, den ein Gericht in Schottland nach § 6 der Bewährungsanordnung von 1907 gegen einen Bewährungspflichtigen erlassen hat, in England vollstreckt wird, und der Bewährungspflichtige nicht sofort jenem Gericht vorgeführt werden kann, so gilt der Haftbefehl, als ordne er die Vorführung des Bewährungspflichtigen vor dem Gericht mit summarischem Verfahren des Ortes an, an dem er verhaftet ist. Das Gericht mit summarischem Verfahren setzt den Bewährungspflichtigen dann fest oder läßt ihn gegen Bürgschaft (mit oder

ohne Sicherheit) frei, bis er dem Gericht in Schottland vorgeführt werden oder vor ihm erscheinen kann.

8. Ändert ein Gericht in England eine entsprechend Absatz 1 dieses Paragraphen erlassene oder eine von einem Gericht in Schottland erlassene und nach Absatz 2 dieses Paragraphen abgeänderte Bewährungsanordnung nach dem vorhergehenden Paragraphen mit Rücksicht darauf ab, daß der Bewährungspflichtige seinen Wohnsitz in Schottland hat oder zu nehmen beabsichtigt, so findet dieser Paragraph auf die Anordnung keine Anwendung mehr und die Anordnung gilt, als wenn sie nach dem Bewährungsgesetz von 1907 für den Fall einer in Schottland wohnenden Person ergangen wäre.

§ 11. Ergänzende Bestimmungen über Bewährung und Straferlaß

1. Unbeschadet der Vorschriften in § 55 Absatz 2 des Gesetzes über Kinder und Jugendliche von 1933 (Children and Young Persons Act, 1933) (die ein Gericht zu der Anordnung ermächtigen, daß der Vater oder Vormund eines Kindes oder Jugendlichen, der einer Straftat beschuldigt ist, sich für dessen Wohlverhalten verbürgt) kann ein Gericht bei Erlaß einer Bewährungsanordnung oder einer Anordnung über bedingten Straferlaß nach dem vorliegenden Gesetz jeder beliebigen Person, die sich dazu bereiterklärt, gestatten, sich für das Wohlverhalten des Täters zu verbürgen, wenn es dies für das geeignete Mittel zur Besserung des Täters hält. § 23 des Gesetzes über das summarische Verfahren von 1879 (Summary Jurisdiction Act, 1879) findet auf eine in dieser Weise vor einem Gericht mit summarischem Verfahren geleistete Bürgschaft Anwendung, als wenn sie nach jenem Gesetz unter Sicherheitsleistung übernommen worden wäre.

2. Trifft ein Gericht nach diesem Teil des vorliegenden Gesetzes eine Bewährungsanordnung oder eine Anordnung über bedingten Straferlaß oder erläßt es dem Täter die Strafe vollständig, so kann es, unbeschadet seiner Befugnis, dem Täter die Kosten aufzuerlegen, diesen anweisen, insoweit Schadensersatz oder Entschädigung für entgangenen Gewinn zu zahlen, als es dies für angemessen hält. Ist die Anordnung jedoch von einem Gericht mit summarischem Verfahren getroffen, so dürfen Schadensersatz und Ausgleich zusammen sich auf nicht mehr als 100 Pfund belaufen. Dieser Betrag darf nur dann überschritten werden, wenn eine andere Bestimmung als dieser Paragraph es vorsieht.

3. Eine Anordnung zur Zahlung von Schadensersatz oder Entschädigung der oben erwähnten Art kann in derselben Weise vollstreckt werden wie eine Anweisung zur Zahlung von Kosten durch den Täter. Weist das Gericht zusätzlich zu dem Erlaß einer solchen Anordnung der Zahlung von Schadensersatz oder Entschädigung an irgend jemanden den Täter an, dem Betreffenden Kosten zu zahlen, so können die Anweisung zur Zahlung von Schadensersatz oder Entschädigung und diejenige zur Zahlung von Kosten vollstreckt werden, als wenn sie eine einzige Anweisung zur Zahlung von Kosten bildeten.

4. Im Verfahren vor einem Geschworenen- oder Quartalsgericht nach den vorhergehenden Bestimmungen des vorliegenden Gesetzes ist die Frage, ob ein Bewährungspflichtiger Auflagen der Bewährungsanordnung nicht erfüllt hat oder ob er wegen einer während der Bewährungszeit begangenen Straftat für schuldig erklärt worden ist, ebenso wie die Frage, ob jemand, in dessen Fall eine Anordnung über bedingten Straferlaß ergangen ist, wegen einer während der Zeit des bedingten Straferlasses begangenen Straftat für schuldig erklärt worden ist, durch das Gericht und nicht durch Wahrspruch der Geschworenen zu entscheiden.

5. § 4 der Prozeßordnung für das summarische Verfahren von 1881 (Summary Jurisdiction [Process] Act, 1881) findet auf ein Verfahren, das ein Richter oder Schiedsrichter nach den vorhergehenden Bestimmungen des vorliegenden Gesetzes oder nach § 6 des Bewährungsgesetzes von 1907, soweit dieses für Schottland gilt, durchführt, in derselben Weise wie auf einen Prozeß Anwendung, der nach den Gesetzen über das summarische Verfahren von einem Gericht mit summarischem Verfahren durchgeführt wird.

§ 12. Folgen von Bewährung und Straferlaß

1. Abgesehen von dem unten vorbehaltenen Fall gilt die Verurteilung wegen einer Straftat, auf Grund deren nach diesem Teil des vorliegenden Gesetzes eine Anordnung erlassen wird, die den Täter unter Bewährung stellt oder ihm vollen oder bedingten Straferlaß gewährt, als Verurteilung nur für die Zwecke des Anordnungsverfahrens selbst sowie für etwa sich anschließende Verfahren, wenn diese nach den vorhergehenden Vorschriften des vorliegenden Gesetzes gegen den Täter anhängig werden. Ist jedoch der Täter zur Zeit seiner Verurteilung wegen der Straftat, für die er in der erwähnten Weise unter Bewährung gestellt oder für die ihm bedingter Straferlaß gewährt ist, mindestens 17 Jahre alt und wird er anschließend nach diesem Teil des vorliegenden Gesetzes wegen jener Tat bestraft, so finden die Vorschriften dieses Absatzes auf die Verurteilung keine Anwendung.

2. Unbeschadet der vorhergehenden Bestimmung bleibt die Verurteilung eines Täters, der in der erwähnten Weise unter Bewährung gestellt oder dem voller oder bedingter Straferlaß gewährt ist, für den Anwendungsbereich einer gesetzlichen Vorschrift außer Betracht, die irgendeine Rechtsminderung oder Mindereignung verurteilter Personen ausspricht bzw. zu einem derartigen Ausspruch ermächtigt oder ihn verlangt.

3. Die vorhergehenden Bestimmungen dieses Paragraphen berühren nicht

a) das Recht eines solchen Täters, gegen seine Verurteilung Berufung einzulegen bzw. sich auf die Verurteilung zu berufen, wenn die gleiche Straftat weitere auf erneute Bestrafung gerichtete Verfahren nach sich zieht;

b) die Wiederherstellung oder das Wiederaufleben von Eigentumsrechten als Folge der Verurteilung eines solchen Täters;

c) die einem solchen Täter gegenüber bestehende Wirksamkeit einer gesetzlichen Bestimmung, die zur Zeit des Inkrafttretens des vorliegenden Gesetzes ihrerseits in Kraft war und deren Anwendbarkeit sowohl auf Personen, gegen die Maßnahmen nach § 1 des Gesetzes über die Bewährung von 1907 getroffen worden sind, wie auf Verurteilte ausdrücklich vorgesehen ist.

Geldstrafen und Schuldverpflichtungen

§ 13. Befugnis, im ordentlichen Verfahren bei Verurteilung wegen eines schweren Vergehens Geldstrafe zu verhängen

Jedes Gericht, von dem jemand im ordentlichen Verfahren wegen eines schweren Vergehens (für das die Strafe allerdings nicht gesetzlich vorgeschrieben sein darf) verurteilt wird, ist ermächtigt, dem Täter eine Geldstrafe aufzuerlegen, anstatt diejenigen Maßnahmen gegen ihn zu treffen, zu denen es an und für sich befugt ist. Es kann die Geldstrafe auch zusätzlich zu den genannten Maßnahmen verhängen.

§ 14. Befugnisse von Geschworenen- und Quartalsgerichten im Hinblick auf Geldstrafen und fällig gewordene Schuldverpflichtungen

1. Wird von einem Geschworenen- oder Quartalsgericht eine Geldstrafe verhängt oder vor einem solchen eine Schuldverpflichtung fällig, so kann nach näherer Vorschrift dieses Paragraphen eine Anordnung ergehen, nach der

a) für den Betrag der Geldstrafe oder für den aus der Schuldverpflichtung geschuldeten Betrag Zahlungsaufschub gewährt wird;

b) für die genannten Beträge Ratenzahlungen verfügt werden, deren Höhe und Zeitpunkte in der Anordnung näher zu bezeichnen sind;

c) eine Zeit für die Haft festgesetzt wird, der der Zahlungspflichtige unterworfen ist, wenn eine von ihm geschuldete Summe nicht rechtzeitig bezahlt oder beigetrieben wird;

d) für den Fall einer Schuldverpflichtung diese erlassen oder der daraus geschuldete Betrag herabgesetzt wird.

Die nach diesem Absatz wegen Zahlungsverzuges bei einer Geldstrafe festgesetzte Haftzeit soll jedoch zwölf Monate nicht übersteigen.

2. Eine in diesem Paragraphen vorgesehene Anordnung kann von demjenigen Gericht erlassen werden, das die Geldstrafe auferlegt hat bzw. vor dem die Schuldverpflichtung fällig geworden ist. Soweit es sich um die Regelung der in Ziffer a) oder b) des vorhergehenden Absatzes erwähnten Punkte handelt (wobei der unten gemachte Vorbehalt zu berücksichtigen ist), kommt für den Erlaß der Anordnung in Betracht:

a) für den Fall, daß die Geldstrafe von dem Zentralen Strafgericht verhängt bzw. die Schuldverpflichtung vor diesem fällig wurde, ein Richter dieses Gerichts, wenn ein entsprechender schriftlicher Antrag dem für die Geschäftsführung verantwortlichen Gerichtsbeamten des Gerichts vorgelegt ist;

b) für den Fall, daß die Geldstrafe von einem anderen Geschworenengericht verhängt bzw. die Schuldverpflichtung vor diesem fällig wurde, ein Richter des Obergerichts, wenn ein entsprechender schriftlicher Antrag dem für die Geschäftsführung verantwortlichen Gerichtsbeamten des Geschworenengerichts vorgelegt ist;

c) für den Fall, daß die Geldstrafe von dem Quartalsgericht verhängt bzw. die Schuldverpflichtung vor diesem fällig wurde, der Vorsitzende oder stellvertretende Vorsitzende dieses Gerichts bzw. der dort mit der zeitweiligen Wahrnehmung richterlicher Geschäfte beauftragte Beamte oder dessen Stellvertreter, wenn ein entsprechender schriftlicher Antrag dem für die Geschäftsführung verantwortlichen Gerichtsbeamten des Friedensgerichts vorgelegt ist.

Die erwähnte Anordnung kann gleichzeitig frühere Anordnungen, die auf Grund dieses Paragraphen ergangen sind, abändern, soweit sie jene Punkte regeln.

Der in Ziffer a) bis c) dieses Absatzes vorgesehene Antrag kann jedoch nicht gestellt werden, wenn bereits ein früherer Antrag dieser Art zurückgewiesen ist.

3. Wird jemand, der für die Zahlung einer Geldstrafe oder einer aus einer Schuldverpflichtung geschuldeten Summe verantwortlich ist, auf die dieser Paragraph Anwendung findet, durch das Gericht mit Haft bestraft oder sitzt er diese Haft gerade ab oder sollte dies jedenfalls tun, so kann das Gericht anordnen, daß jede nach Absatz 1 Ziffer c) dieses Paragraphen festgesetzte Haftzeit erst nach Abschluß der ersterwähnten Haftzeit zu laufen beginnt.

4. Die durch diesen Paragraphen übertragene Befugnis, eine Schuldverpflichtung zu erlassen oder den daraus geschuldeten Betrag herabzusetzen, tritt zusätzlich neben die Befugnisse, die irgendein anderes Gesetz im Hinblick auf den Erlaß, die Streichung, Ermäßigung oder Herabsetzung von Schuldverpflichtungen oder in deren Rahmen geschuldeter Beträge verleiht.

5. Dieser Paragraph findet keine Anwendung auf eine Geldstrafe, die von einem Quartalsgericht als Berufungsinstanz für die Entscheidung eines Gerichts mit summarischem Verfahren verhängt ist.

§ 15. Nebenbestimmungen über Geldstrafen und fällig gewordene Schuldverpflichtungen

1. Eine nach dem vorhergehenden Paragraphen vor Eintragung der Geldstrafe oder der Schuldverpflichtung nach § 32 des Gesetzes von 1859 (Queen's Remembrancer Act, 1859) oder § 2 des Gesetzes über die Erhebung von Geldstrafen von 1822 (Levy of Fines Act, 1822)

erlassene Anordnung ist auf Grund des genannten § 32 oder § 2 einzutragen. Jedoch wird,

a) wenn die Anordnung auf Erlaß der Verpflichtung geht, weder die Anordnung noch die Verpflichtung in dieser Weise eingetragen und,

b) wenn die Anordnung auf Herabsetzung des aus der Verpflichtung geschuldeten Betrages geht, der herabgesetzte Betrag als der aus der Verpflichtung geschuldete angesehen und entsprechend eingetragen.

2. Wird ordnungsmäßig nach der Eintragung von Geldstrafe oder Schuldverpflichtung Antrag auf eine Anordnung nach dem vorhergehenden Paragraphen gestellt, so hat der für die Geschäftsführung verantwortliche Gerichtsbeamte, an den der Antrag gerichtet ist, dem für die Beitreibung der Geldstrafe oder den aus der Verpflichtung geschuldeten Betrag seinerseits verantwortlichen Beamten Kenntnis davon zu geben. Das gleiche soll mit der auf den Antrag hin ergangenen Entscheidung geschehen.

3. Wird eine nach dem vorhergehenden Paragraphen erlassene Anordnung, die Zahlungsaufschub für den Betrag der Geldstrafe oder für den aus der Verpflichtung geschuldeten Betrag gewährt oder die Ratenzahlungen für die genannten Beträge verfügt, nach Absatz 1 dieses Paragraphen eingetragen oder wird dem für die Beitreibung der Geldstrafe oder des aus der Verpflichtung geschuldeten Betrages verantwortlichen Beamten in Übereinstimmung mit den Vorschriften des vorhergehenden Absatzes Kenntnis von dem Erlaß einer solchen Anordnung gegeben, so darf dieser Beamte seine Befugnisse erst ausüben, wenn ein Verzug in der Erfüllung der Anordnung eingetreten ist.

4. Verfügt eine Anordnung der vorerwähnten Art Ratenzahlungen für eine Geldstrafe oder den aus der Verpflichtung geschuldeten Betrag und tritt in der Zahlung einer Rate Verzug ein, so können dieselben Maßnahmen Platz greifen, als wenn der Verzug sämtliche zu diesem Zeitpunkt noch unbezahlten Raten beträfe.

5. Setzt eine Anordnung der vorerwähnten Art eine Haftzeit wegen Verzuges bei der Zahlung von Geldstrafe oder dem aus der Verpflichtung geschuldeten Betrag fest, so

a) tritt die Anordnung außer Kraft, sobald die Geldstrafe oder der besagte Betrag an den für die Einziehung verantwortlichen Beamten oder (wenn derjenige, an den die Anordnung gerichtet ist, sich im Gefängnis befindet) an den Gefängnisdirektor gezahlt ist; wenn der im Gefängnis Befindliche nicht aus einem anderen Grund in Haft gehalten werden darf, ist er im übrigen sofort freizulassen;

b) wird, sobald ein Teil der Geldstrafe oder des aus der Verpflichtung geschuldeten Betrages an den genannten Beamten oder Gefängnisdirektor gezahlt ist, die Gesamtzahl der Tage der Haftzeit in entsprechendem Verhältnis herabgesetzt, d. h. um soviel Tage, als im Verhältnis zu der um einen Tag gekürzten Gesamtzahl möglichst weitgehend dem Anteil entspricht, den der gezahlte Betrag, gemessen an dem Betrag der Geldstrafe oder dem aus der Verpflichtung geschuldeten Betrag, ohne Abweichungen nach oben oder unten ausmacht.

6. Ein nach dem vorhergehenden Absatz von einem Gefängnisdirektor empfangener Betrag ist von diesem an den für die Beitreibung der aus der Geldstrafe oder der Verpflichtung geschuldeten Beträge verantwortlichen Beamten abzuführen.

Befugnisse gegenüber jugendlichen Rechtsbrechern

§ 16. Einschränkung bei Todesstrafe

An die Stelle von § 53 Absatz 1 des Kinder- und Jugendlichengesetzes von 1933 tritt der folgende Absatz:

„Todesstrafe darf weder verhängt noch protokolliert werden, wenn für das Gericht feststeht, daß der zu Verurteilende zur Zeit der Begehung der Tat noch nicht 18 Jahre alt war. An ihre Stelle tritt eine Bestrafung mit Haft, über deren Dauer Seine Majestät befindet. Der in dieser Weise Verurteilte hat sich an dem Ort und unter den Bedingungen der Haft zu unterziehen, wie sie von dem Innenminister vorgeschrieben werden."

§ 17. Einschränkung bei Gefängnisstrafe

1. Ein Gericht mit summarischem Verfahren darf gegen niemanden Gefängnisstrafe verhängen, der nicht mindestens 17 Jahre alt ist, ein Geschworenen- oder Quartalsgericht gegen niemanden, der nicht mindestens 15 Jahre alt ist.

2. Ein Gericht darf gegen jemanden, der unter 21 Jahre alt ist, Gefängnisstrafe nur dann verhängen, wenn es der Auffassung ist, daß andere Maßnahmen gegen den Betreffenden nicht angebracht sind. Um entscheiden zu können, ob dies der Fall ist, hat das Gericht Auskünfte über seine Verhältnisse einzuziehen und zu berücksichtigen; es soll dabei jeden Hinweis in Rechnung stellen, der für den Charakter sowie den körperlichen und geistigen Zustand des zu Verurteilenden von Bedeutung ist.

3. Soweit ein Quartalsgericht oder ein Gericht mit summarischem Verfahren dementsprechend Gefängnisstrafe verhängt, hat es die Gründe für seine Auffassung darzulegen, daß andere Maßnahmen nicht angebracht sind. Wenn es sich um ein Gericht mit summarischem Verfahren handelt, ist der Grund in dem Haftbefehl zu bezeichnen und in das Register einzutragen, dessen Anlage § 22 des Gesetzes über das summarische Verfahren von 1879 anordnet.

4. Seine Majestät kann durch Regierungsverordnung Gerichten mit summarischem Verfahren untersagen,

a) Personen unter 21 Jahren oder, wenn die Verordnung dies ausspricht, in entsprechend niedrigerem Alter mit Gefängnis zu bestrafen;
b) solche Personen wegen Zahlungsverzuges bei einem Betrag, auf dessen Zahlung durch Urteil erkannt ist, in ein Gefängnis einzuweisen.

Eine derartige Verordnung kann auf Angehörige eines der beiden Geschlechter beschränkt sein. Sie soll im übrigen erst dann ergehen, wenn der Innenminister sich die Gewißheit verschafft hat, daß die für die Behandlung von Rechtsbrechern zur Verfügung stehenden Maßnahmen, die nicht in deren Gefangensetzung bestehen, den Gerichten mit summarischem Verfahren gleichwertige Mittel an die Hand geben, um gegen diejenigen vorzugehen, die von der Anordnung betroffen werden.

5. Der Entwurf einer nach dem vorhergehenden Absatz zu erlassenden Regierungsverordnung ist dem Parlament vorzulegen. Er wird nur dann Seiner Majestät im Kabinett unterbreitet, wenn beide Häuser des Parlaments Seiner Majestät eine Adresse vorlegen, in der sie um Erlaß der Anordnung nachsuchen.

6. Der Ausdruck „Gericht" in diesem Paragraphen schließt einen Friedensrichter ein.

§ 18. Haft in einer Haftanstalt

1. Hat ein Gericht die Befugnis oder würde es sie ohne den Ausschluß durch den vorhergehenden Paragraphen haben, gegen jemanden, der zwar über 14, aber unter 21 Jahre alt ist, eine Gefängnisstrafe zu verhängen, so kann es, wenn es vom Innenminister in Kenntnis gesetzt ist, daß eine Haftanstalt zur Verfügung steht, die von ihm zugewiesene Personen von der Klasse oder Gattung des Betreffenden aufnehmen kann, für eine Zeit von drei Monaten dessen Überweisung in eine in der Anweisung näher zu bezeichnende Haftanstalt (detention centre) anordnen. Jedoch soll

a) wenn die Höchstdauer der Gefängnisstrafe, die das Gericht verhängen kann bzw. ohne den Ausschluß durch den vorhergehenden Paragraphen verhängen könnte, weniger als drei Monate beträgt, die Zeit, für die der Betreffende nach der vorbezeichneten Anweisung in Haft zu halten ist (abgesehen von dem in Ziffer c) dieses Vorbehalts vorgesehenen Fall), dieser Höchstdauer der Gefängnisstrafe gleichen;

b) wenn die Höchstdauer der vorerwähnten Gefängnisstrafe drei Monate übersteigt und das Gericht mit Rücksicht auf gewisse besondere Umstände der Auffassung ist, daß eine Haftzeit von drei Monaten nicht ausreicht, die Zeit, für die der Betreffende nach der vorbezeichneten Anweisung in Haft zu halten ist, im Höchstfalle sechs Monate oder jedenfalls die Höchstdauer der vorerwähnten Gefängnisstrafe, wenn diese darunterliegt, nicht übersteigen; und

c) kann, wenn der Täter im schulpflichtigen Alter steht und das Gericht der Auffassung ist, daß eine Haftzeit von drei Monaten oder von gleichem Umfang wie die Höchstdauer der erwähnten Gefängnisstrafe zu hoch sein würde, die Zeit, für die er nach der vorbezeichneten Anweisung in Haft zu halten ist, zwischen nicht weniger als einem und nicht mehr als drei Monaten oder der Höchstdauer der erwähnten Gefängnisstrafe liegen.

2. Ein Gericht darf niemanden in eine Haftanstalt einweisen, der

a) vorher mit Gefängnis oder Borstal-Erziehung bestraft worden ist;
b) über 17 Jahre alt ist und für die Zeit nach Erreichen dieses Alters bereits eine derartige Einweisung erhalten hat.

Auch soll niemand sonst eine derartige Einweisung erhalten, wenn nicht das Gericht vorher (mit Ausnahme von Gefängnis) jede andere Maßnahme, die es gegen den Betreffenden ergreifen könnte, erwogen hat und dabei zu der Auffassung gelangt ist, daß keine dieser Maßnahmen sich eignet.

3. Ist jemand wegen Verzuges in der Zahlung eines Geldbetrages in eine Haftanstalt eingewiesen, so ist er in gleicher Weise, als wenn es sich um eine Gefängniszeit handelte, entweder freizulassen oder die Haftzeit ist herabzusetzen, wenn er die ganze Summe oder einen Teil davon bezahlt.

4. Ein Gericht soll keine Anordnung erlassen, nach der jemand, der bereits über 14 Jahre alt ist, auf Grund des § 54 des Kinder- und Jugendlichengesetzes von 1933 einem Heim für Zurückgestellte (remand home) zuzuweisen ist, wenn es vom Innenminister in Kenntnis gesetzt ist, daß eine Haftanstalt zur Verfügung steht, die von ihm zugewiesene Personen von der Klasse oder Gattung des Betreffenden aufnehmen kann.

5. Der Ausdruck „Gericht" in diesem Paragraphen schließt einen Friedensrichter ein. Der Ausdruck „schulpflichtiges Alter" hat die ihm in § 35 des Erziehungsgesetzes von 1944 (Education Act, 1944) zugeschriebene Bedeutung. § 8 des Erziehungsgesetzes von 1946 (der vorschreibt, daß jemand, der während des Schulabschnitts ein bestimmtes Alter erreicht, behandelt werden soll, als habe er dieses Alter erst am Ende des Abschnitts erreicht) findet keine Anwendung.

§ 19. Aufenthalt in einem Beaufsichtigungsheim

1. Hat ein Gericht mit summarischem Verfahren die Befugnis oder würde es sie ohne den Ausschluß durch § 17 des vorliegenden Gesetzes haben, gegen jemanden, der zwar über 12, aber unter 21 Jahre alt ist, eine Gefängnisstrafe zu verhängen oder nach § 6 des vorliegenden Gesetzes wegen Nichterfüllens der Auflage einer Bewährungsanordnung vorzugehen, so kann es, wenn es vom Innenminister in Kenntnis gesetzt ist, daß ein Beaufsichtigungsheim (attendance centre) zur Verfügung steht, die von ihm zugewiesene Personen von der Klasse oder Gattung des Betreffenden aufnehmen kann, diesen für eine in der entsprechenden Anordnung näher bezeichnete Anzahl, jedoch insgesamt nicht mehr als 12 Stunden in ein ebenfalls dort bezeichnetes Beaufsichtigungsheim einweisen.

Eine solche Anordnung darf jedoch nicht ergehen, wenn es sich um einen Fall handelt, in dem jemand bereits früher mit Gefängnis, Borstalerziehung oder Haft in einer Haftanstalt bestraft worden bzw. wenn angeordnet ist, daß der Betreffende in eine staatlich anerkannte Heimschule zu verbringen ist.

2. Die Zeiten, zu denen dem Täter in einer nach diesem Paragraphen erlassenen Anordnung auferlegt wird, sich in einem Beaufsichtigungsheim aufzuhalten, sind so zu wählen, daß ein Zusammentreffen mit seinen Schul- und Arbeitsstunden nach Möglichkeit vermieden wird. Der erste derartige Zeitabschnitt (bei dem es sich um denjenigen handelt, zu dem das Heim nach der Anzeige des Innenministers für die Aufnahme des Täters frei wird) ist in der Anordnung näher zu bezeichnen, die weiteren werden von dem leitenden Beamten des Heimes festgesetzt, wobei die Lebensverhältnisse des Täters zu berücksichtigen sind.

Es soll dem Täter jedoch nach diesem Paragraphen nicht auferlegt werden, mehr als einmal täglich bzw. im einzelnen Fall länger als drei Stunden ein Beaufsichtigungsheim aufzusuchen.

3. Das Gericht, das nach Absatz 1 dieses Paragraphen eine Anordnung erlassen hat, bzw. der Richter, der das Gericht unterster Instanz in dem Bezirk oder Ort vertritt, für den dieses Gericht zuständig ist, kann auf Antrag entweder des Täters oder des leitenden Beamten des in der Anordnung näher bezeichneten Beaufsichtigungsheimes

a) die Anordnung durch eine neue Anordnung aufheben oder
b) durch eine neue Anordnung den für den ersten Aufenthalt des Täters in dem Heim angegebenen Tag oder Zeitpunkt abändern.

Ist der Antrag durch den genannten Beamten gestellt, so kann das Gericht oder der Richter ihn bearbeiten, ohne den Täter zu laden.

4. Wird nach Absatz 1 oder 3 dieses Paragraphen eine Anordnung erlassen, so soll der für die Geschäftsführung verantwortliche Gerichtsbeamte eine Ausfertigung davon dem leitenden Beamten des in der Anordnung näher bezeichneten Beaufsichtigungsheimes übergeben oder sonst zuleiten. Ebenso soll er eine Ausfertigung dem Täter übergeben oder durch Einschreiben an dessen letzten oder gewöhnlichen Aufenthaltsort senden.

5. Ist jemand wegen Verzuges in der Zahlung eines Geldbetrages angewiesen worden, ein Beaufsichtigungsheim aufzusuchen, so

a) tritt die Anordnung außer Kraft, wenn der Betreffende den gesamten Betrag an eine zum Empfang berechtigte Person zahlt;
b) wird bei Zahlung eines Teiles des erwähnten Betrages die Gesamtzahl der Stunden, für die dem Täter auferlegt ist, das Heim aufzusuchen, entsprechend herabgesetzt, d. h. um soviel volle Stunden, als im Verhältnis zu ihrer Gesamtzahl möglichst weitgehend dem Anteil entspricht, den der gezahlte Teil der Summe ohne Abweichungen nach oben oder unten gegenüber dem Gesamtbetrag ausmacht.

6. Durch Verordnungen nach § 29 des Gesetzes über das summarische Verfahren von 1879 kann die Verwendung von Geldern, die nach dem vorhergehenden Absatz gezahlt werden, die Auswahl der zum Empfang berechtigten Personen und die Art der Bedingungen, unter denen solche Zahlungen vorzunehmen sind, geregelt werden.

7. Ist nach Absatz 1 dieses Paragraphen eine Anordnung erlassen und wird einem Richter, der das Gericht unterster Instanz in dem Bezirk oder Ort vertritt, für den das anordnende Gericht zuständig ist, angezeigt, daß derjenige, in dessen Fall die Anordnung ergangen war,

a) ohne stichhaltigen Grund versäumt hat, in Übereinstimmung mit der Anordnung das Heim aufzusuchen,
b) oder daß er während seines Aufenthalts in dem Heim gegen Vorschriften, wie sie nach § 52 des vorliegenden Gesetzes erlassen sind, in einer Weise verstoßen hat, gegen die nach diesen Vorschriften selbst nicht eingeschritten werden kann,

so kann der Richter den Täter unter Angabe von Ort und Zeit durch Ladung zum Erscheinen vor einem Gericht mit summarischem Verfahren auffordern, das zur Zuständigkeit des Gerichts unterster Instanz in dem Bezirk oder Ort gehört, an dem der Richter tätig ist, oder er kann, wenn es sich um eine schriftliche und beeidigte Anzeige handelt, einen Haftbefehl erlassen mit der Anweisung, den Täter einem solchen Gericht vorzuführen.

8. Wenn dem Gericht einwandfrei nachgewiesen ist, daß ein Versäumnis bzw. Verstoß der erwähnten Art von seiten eines Täters vorliegt, der nach dem vorhergehenden Absatz vor ihm erscheint oder vorgeführt wird, so kann es die Anordnung, der zufolge das Beaufsichtigungsheim aufzusuchen war, widerrufen und diejenigen Maßnahmen gegen den Täter treffen, die das Gericht, von dem die Anordnung stammt, hätte treffen können, wenn die Anordnung nicht ergangen wäre.

§ 20. Borstalerziehung

1. Ist jemand, der im ordentlichen Verfahren wegen eines mit Gefängnis strafbaren Vergehens für schuldig erklärt wird, am Tage seiner Verurteilung mindestens 16, aber noch nicht 21 Jahre alt, und ist das Gericht in Anbetracht seines Charakters und früheren Verhaltens sowie der Tatumstände überzeugt, daß es für seine Besserung und für die Verhinderung künftiger Straftaten ratsam ist, wenn er sich eine Zeitlang der Erziehung in einer Borstal-Anstalt unterwirft, so kann es ihn an Stelle einer anderen Strafe zu Borstal-Erziehung (Borstal training) verurteilen.

2. Wer zu Borstal-Erziehung verurteilt ist, ist in einer Borstal-Anstalt unterzubringen und nach seiner Entlassung von dort in Anlehnung an die Vorschriften in Anhang 2 des vorliegenden Gesetzes unter Aufsicht zu stellen. Unberührt davon bleibt die Befugnis des Innenministers, in gewissen Fällen den noch nicht abgelaufenen Teil der Zeit einer derartigen Unterbringung in Gefängnis umzuwandeln.

3. Ist jemand, der von einem Gericht mit summarischem Verfahren wegen einer Tat für schuldig erklärt wird, die im summarischem Verfahren mit Gefängnis bestraft werden kann, am Tage seiner Verurteilung mindestens 16, aber noch nicht 21 Jahre alt, und steht der in Absatz 1 dieses Paragraphen angeführte Sachverhalt für das Gericht

fest, so kann es den Betreffenden in Anlehnung an die nachfolgenden Bestimmungen dieses Paragraphen an das Quartalsgericht zur Aburteilung überweisen.

4. Dies soll geschehen:

a) wenn das Gericht mit summarischem Verfahren für eine andere Grafschaft als die von London oder für eine Stadt zuständig ist, die kein eigenes Quartalsgericht besitzt, durch Überweisung des Täters an den Berufungsausschuß des Quartalsgerichts für jene Grafschaft oder für diejenige Grafschaft, in der jene Stadt liegt;

b) in allen anderen Fällen durch Überweisung an das nächste Quartalsgericht mit Rechtsprechungsbefugnis in der Grafschaft, Stadt oder Örtlichkeit, für die das Gericht mit summarischem Verfahren zuständig ist.

Wird der Täter in dieser Weise einem Berufungsausschuß überwiesen, so hat der für die Geschäftsführung verantwortliche Gerichtsbeamte des Gerichts mit summarischem Verfahren dem für die Geschäftsführung verantwortlichen Gerichtsbeamten des Friedensgerichts und dieser hat den Anklagevertreter und den Direktor des Gefängnisses oder der Anstalt für Zurückgestellte, in das oder die der Täter eingewiesen ist, von dem Tage der Verhandlung des Falles vor dem Berufungsausschuß in Kenntnis zu setzen. Es soll sich nach Möglichkeit um die nächste Sitzung eines aus den Mitgliedern jenes Ausschusses bestehenden Gerichts handeln.

5. Wird der Täter in der erwähnten Weise zur Aburteilung überwiesen, so gelten die nachfolgenden Vorschriften:

a) Der Berufungsausschuß oder das Quartalsgericht untersucht die Tatumstände und kann
   1. wenn es den in Absatz 1 angeführten Sachverhalt als gegeben ansieht, den Täter zu Borstalerziehung verurteilen;
   2. in allen anderen Fällen diejenigen Maßnahmen gegen ihn treffen, die das Gericht mit summarischem Verfahren gegen ihn hätte treffen können.

b) Das Gesetz über die Verteidigungskosten bedürftiger Häftlinge von 1930 (Poor Prisoners Defence Act, 1930) findet Anwendung, als wenn der Täter wegen einer klagbaren Straftat dem Gericht zur Aburteilung übergeben worden wäre, mit der Einschränkung, daß in § 1 Absatz 2 die Worte „nach Verlesen der eidlichen Aussagen“ und in § 3 Absatz 2 die Worte „und die Kosten einer Ausfertigung der eidlichen Aussagen“ fortfallen.

c) Das Gesetz über die Kosten in Strafsachen von 1908 (Costs in Criminal Cases Act, 1908) findet auf das Verfahren vor dem Berufungsausschuß bzw. dem Quartalsgericht in gleicher Weise Anwendung wie bei der Verfolgung einer klagbaren Straftat vor einem Quartalsgericht.

d) Wenn der Berufungsausschuß oder das Quartalsgericht ein auf Borstalerziehung lautendes Urteil fällt, so kann der Täter gegen dieses Urteil bei dem Appellationsgerichtshof in Strafsachen Berufung einlegen, als wenn er im ordentlichen Verfahren abgeurteilt worden wäre. Die Vorschriften des Gesetzes über die Berufung in Strafsachen von 1907 (Criminal Appeal Act, 1907) finden entsprechende Anwendung.

6. Soweit eine durch den vorhergehenden Absatz anwendbar gemachte oder eine sonstige auf Personen, die sich vor einem Quartalsgericht zu verantworten hatten, bezogene gesetzliche Bestimmung (auch des vorliegenden Gesetzes) Bezugnahmen auf ein Quartalsgericht oder ein Gericht allgemein enthält, sind diese als Bezugnahme auf den Berufungsausschuß eines Quartalsgerichts auszulegen, durch den der Täter nach jenem Absatz zur Verantwortung gezogen wird.

7. Bevor nach diesem Paragraphen ein Urteil auf Borstalerziehung ausgesprochen und bevor jemand nach Absatz 3 dieses Paragraphen zur Aburteilung überwiesen wird, hat das Gericht bzw. der Ausschuß einen Bericht oder Empfehlungen zu berücksichtigen, die von oder im Namen des Beauftragten für das Gefängniswesen über den körperlichen und geistigen Zustand des Täters sowie über seine Eignung für diese Strafe gegeben werden. Handelt es sich um ein Gericht mit summarischem Verfahren und hat dieses weder Bericht noch Empfehlungen erhalten, so beläßt es den Täter nach der Verurteilung für einen solchen Zeitabschnitt oder solche Zeitabschnitte in Haft, als es für erforderlich hält, um die Fertigstellung des Berichts oder der Empfehlungen zu ermöglichen; der einzelne derartige Zeitabschnitt soll drei Wochen nicht übersteigen.

8. Das Gericht bzw. der Ausschuß übergibt eine Ausfertigung des ihm von dem Beauftragten für das Gefängniswesen für die Zwecke des vorhergehenden Absatzes erstatteten Berichts bzw. der entsprechenden Empfehlungen dem Täter oder seinem Rechtsvertreter.

Befugnisse gegenüber Gewohnheitsverbrechern

§ 21. Zwangserziehung (corrective training) und Sicherungsverwahrung (preventive detention)

1. Wird ein über Einundzwanzigjähriger

a) im ordentlichen Verfahren wegen einer Tat für schuldig erklärt, die mit Gefängnis von zwei Jahren und mehr bestraft werden kann, und

b) ist er nach Erreichen des 17. Lebensjahres bei mindestens zwei früheren Gelegenheiten ebenfalls wegen solcher Taten für schuldig erklärt worden, für die im ordentlichen Verfahren die genannte Strafe verhängt werden kann,

so kann das Gericht ihn an Stelle einer anderen Strafe für eine der Bestimmung des Gerichts unterliegende Zeit von nicht weniger als zwei und nicht mehr als vier Jahren zu Zwangserziehung verurteilen, wenn es überzeugt ist, daß es im Hinblick auf die Besserung des Betreffenden und die Verhinderung künftiger Straftaten ratsam ist, ihn für eine nicht zu kurz bemessene Zeit einer Erziehung mit Zwangscharakter zu unterwerfen und im Anschluß daran für den Fall, daß er vor Ablauf seiner Strafe entlassen wird, eine Zeit der Beaufsichtigung folgen zu lassen.

2. Wird ein über Dreißigjähriger

a) im ordentlichen Verfahren wegen einer Tat für schuldig erklärt, die mit Gefängnis von zwei Jahren und mehr bestraft werden kann, und

b) ist er nach Erreichen des 17. Lebensjahres bei mindestens drei früheren Gelegenheiten ebenfalls wegen solcher Taten für schuldig erklärt worden, für die im ordentlichen Verfahren die genannte Strafe verhängt werden kann, und waren mindestens zwei dieser Strafen Borstalerziehung, Gefängnis oder Zwangserziehung,

so kann das Gericht ihn an Stelle einer anderen Strafe für eine der Bestimmung des Gerichts unterliegende Zeit von nicht weniger als fünf und nicht mehr als 14 Jahren zu Sicherungsverwahrung verurteilen, wenn es überzeugt ist, daß es zum Schutze der Allgemeinheit ratsam ist, den Betreffenden für eine nicht zu kurz bemessene Zeit einer Erziehung mit Zwangscharakter zu unterwerfen und im Anschluß daran für den Fall, daß er vor Ablauf seiner Strafe entlassen wird, eine Zeit der Beaufsichtigung folgen zu lassen.

3. Wer zu Zwangserziehung oder Sicherungsverwahrung verurteilt ist, ist für die Dauer seiner Strafe in einem Gefängnis unterzubringen. Seine Entlassung mit Erlaubnisschein in Übereinstimmung mit den Vorschriften in Anhang 3 des vorliegenden Gesetzes bleibt vorbehalten. Für die Zeit seiner Festsetzung wird er nach Vorschriften behandelt, wie sie auf Grund von § 52 des vorliegenden Gesetzes erlassen sind.

4. Bevor das Gericht jemanden zu Zwangserziehung oder Sicherungsverwahrung verurteilt, hat es einen Bericht oder Empfehlungen zu berücksichtigen, die von oder im Namen des Beauftragten für das Gefängniswesen über den körperlichen und geistigen Zustand des Täters sowie über seine Eignung für eine solche Strafe gegeben werden.

5. Das Gericht übergibt eine Ausfertigung des ihm von dem Bevollmächtigten für das Gefängniswesen für die Zwecke des vorhergehenden Absatzes erstatteten Berichts bzw. der entsprechenden Empfehlungen dem Täter oder seinem Rechtsvertreter.

6. Im Sinne von Absatz 2 Ziffer b) dieses Paragraphen wird jemand, der von einem Gericht mit summarischem Verfahren wegen einer klagbaren Straftat für schuldig erklärt und wegen dieser Tat von einem Quartalsgericht mit Borstalerziehung, Gefängnis oder Zwangserziehung bestraft ist, und ebenso derjenige, der im Berufungsverfahren vom Quartalsgericht mit einer solchen Strafe belegt worden ist, behandelt, als wenn er im ordentlichen Verfahren wegen jener Tat für schuldig erklärt worden wäre.

§ 22. Befugnis, bestimmte entlassene Häftlinge anzuweisen, ihre Anschrift anzugeben

1. Wird jemand im ordentlichen Verfahren wegen eines Vergehens für schuldig erklärt, das mit Gefängnis von zwei Jahren und mehr bestraft werden kann, und

a) ist der Betreffende bei mindestens zwei früheren Gelegenheiten wegen eines Vergehens für schuldig erklärt worden, für das er mit Borstalerziehung oder Gefängnis bestraft worden ist, oder

b) ist er früher wegen eines Vergehens für schuldig erklärt worden, für das er mit Zwangserziehung bestraft worden ist,

so ordnet das Gericht, wenn es ihn zu Gefängnis von 12 Monaten oder mehr verurteilt, an, daß er für einen Zeitraum von 12 Monaten nach seiner nächsten Entlassung aus dem Gefängnis den Vorschriften dieses Paragraphen unterworfen sein soll, es sei denn, daß es mit Rücksicht auf die Umstände, einschließlich des Charakters des Täters, geschlossen zu einer anderen Entscheidung gelangt.

2. Ist eine derartige Anordnung ergangen,

a) so hat der Täter bei seiner nächsten Entlassung aus dem Gefängnis und danach in gewissen Zeitabständen seine Anschrift der dazu bestimmten Körperschaft aufzugeben; er hat dabei die Anweisungen zu befolgen, die ihm von oder im Namen dieser Körperschaft insoweit erteilt worden sind;

b) erfüllt der Täter die Auflage, bei der Entlassung seine Anschrift aufzugeben, nicht zur Zufriedenheit der dazu bestimmten Körperschaft, so soll diese, und wenn er es späterhin unterläßt, sie über seine Anschrift hinreichend auf dem Laufenden zu halten, so kann sie durch Einschreiben den Polizeichef der Hauptstadt von diesem Versäumnis in Kenntnis setzen; sie soll alle Anstrengungen machen, um den Täter von ihrem Vorgehen zu unterrichten.

Von dem Zeitpunkt an, zu dem eine derartige Mitteilung erfolgt ist, finden die Bestimmungen in Anhang 4 des vorliegenden Gesetzes auf den Täter Anwendung.

3. Es ist Pflicht des Gefängnisdirektors, bei der Entlassung des Täters aus dem Gefängnis für den Fall, daß gegen diesen eine Anordnung nach dem vorliegenden Paragraphen ergangen ist, ihm ein Merkblatt auszuhändigen, aus dem die Folgen der Anordnung ersichtlich sind.

4. Der Innenminister kann durch schriftliche Anweisung einen Täter, gegen den eine Anordnung nach diesem Paragraphen ergangen ist, von einer Auflage dieses Paragraphen oder des Anhangs 4 zu dem vorliegenden Gesetz befreien. Eine solche Anweisung kann davon abhängig gemacht werden, daß andere darin näher bezeichnete Auflagen einzuhalten sind. Wenn dem Innenminister mit Gewißheit bekannt wird, daß einer derartigen Auflage zuwidergehandelt wurde, kann er die Anweisung aufheben.

5. Der Ausdruck „die dazu bestimmte Körperschaft" in diesem Paragraphen bedeutet eine Körperschaft, die von dem Beauftragten für das Gefängniswesen für die Zwecke dieses Paragraphen eingesetzt ist. Sie muß vom Innenminister genehmigt sein. Der Beauftragte für das Gefängniswesen kann eine solche Körperschaft ermächtigen, entweder in allen Fällen tätig zu werden oder in solchen Einzelfällen oder Gruppen von Fällen, für die er es anordnet.

§ 23. Nachweis von Vorstrafen usw. für die Zwecke der §§ 21 und 22

1. Für die Entscheidung darüber, ob ein Angeklagter zu Zwangserziehung oder Sicherungsverwahrung verurteilt werden oder ob eine Anordnung ergehen soll, nach der er sich den Vorschriften des vorhergehenden Paragraphen zu unterwerfen hat, dürfen frühere Verurteilungen oder Vorstrafen nur unter der Voraussetzung herangezogen werden, daß dem Täter und dem zuständigen Gerichtsbeamten mindestens drei Tage vor der Verhandlung Kenntnis von der Absicht gegeben worden ist, ihm diese Verurteilungen oder Strafen nachzuweisen. Gibt der Täter eine frühere Verurteilung oder eine Vorstrafe nicht zu, so soll die Frage durch Wahrspruch der Geschworenen entschieden werden.

2. Im Sinne dieses Paragraphen gilt der Beweis, daß jemand eine Vorstrafe in Form von Zwangserziehung oder Sicherungsverwahrung erhalten hat, als Beweis für die Schuldigerklärung bzw. Verurteilung, auf Grund deren er sich diese Bestrafung zugezogen hat.

Aufnahme-Anordnungen (reception ordres)

§ 24. Befugnis, eine Aufnahmeanordnung zu erlassen

1. Wird jemand von einem Gericht mit summarischem Verfahren einer Handlung oder Unterlassung beschuldigt, die ein mit Gefängnis strafbares Vergehen darstellt, und stellt das Gericht fest,

a) daß der Betreffende die Handlung oder Unterlassung, deren man ihn beschuldigt, begangen hat;
b) daß er — laut Gutachten von mindestens zwei approbierten Fachärzten — geisteskrank und
c) daß er haftfähig ist,

so kann das Gericht, anstatt andere Maßnahmen gegen ihn zu treffen, anordnen, daß der Betreffende in einer in der Anordnung benannten Anstalt für Geisteskranke aufgenommen und in Haft gehalten wird, und es kann weiter den entsprechend ermächtigten Beamten der örtlichen Gesundheitsbehörde, in deren Bezirk das Gericht liegt, oder einen Polizisten anweisen, den Geisteskranken sofort in diese Anstalt zu verbringen. Die Vorschriften der Gesetze über die Geisteskrankheiten und über die Behandlung geistiger Störungen von 1890 bzw. 1930 finden Anwendung, als handle es sich bei einer nach diesem Paragraphen erlassenen Anordnung um eine summarische Aufnahmeanordnung nach § 16 des Gesetzes über die Geisteskrankheiten von 1890.

2. Das Gericht, von dem eine Anordnung nach diesem Paragraphen erlassen wird, soll der in der Anordnung benannten Anstalt solche in seinem Besitz befindliche Unterlagen zugänglich machen, von denen es annimmt, daß sie von Wert für die Behandlung desjenigen sein könnten, auf den sich die Anordnung bezieht.

3. Das Gesetz über Kosten in Strafverfahren findet auf einen approbierten Facharzt, der im Rahmen dieses Paragraphen als Gut-

achter aufgetreten ist, ohne Rücksicht darauf Anwendung, daß es sich dabei nicht um ein Verfahren handelt, auf das § 1 des vorliegenden Gesetzes angewendet werden kann.

Vertagung (adjournment), Zurückstellung (remand) usw.

§ 25. Befugnis der Gerichte mit summarischem Verfahren, einen Fall nach Schuldigerklärung, jedoch vor Bestrafung zu vertagen

1. In die Befugnis eines Gerichts mit summarischem Verfahren, nach § 16 des Gesetzes über das summarische Verfahren von 1848 die Verhandlung in einer Sache zu vertagen, wird hiermit ausdrücklich die Befugnis einbezogen, die Sache noch, nachdem der Beschuldigte verurteilt, aber bevor er bestraft ist oder bevor sonstige Maßnahmen gegen ihn getroffen sind, zu vertagen, um Untersuchungen durchzuführen oder das geeignetste Verfahren für die Behandlung seines Falles zu bestimmen. Das Gericht mit summarischem Verfahren soll jedoch im Einzelfall die Verhandlung einer Sache für den erwähnten Zweck nicht länger als drei Wochen vertagen.

2. Ist jemand wegen einer Straftat durch ein Gericht mit summarischem Verfahren verurteilt und ist die Sache nach dem genannten § 16 oder einer anderen auf Zurückstellung gerichteten gesetzlichen Bestimmung vertagt worden, so kann der Betreffende für diese Straftat von jedem Gericht mit summarischem Verfahren bestraft oder sonstwie gemaßregelt werden, das zur Zuständigkeit desselben Gerichts unterster Instanz gehört wie das Gericht, das ihn verurteilt hat. Handelt es sich um einen Fall, der von einem aus zwei oder mehr Richtern bestehenden Gericht mit summarischem Verfahren verhandelt und entschieden werden muß, so finden die Vorschriften dieses Paragraphen ohne Rücksicht auf den etwa entgegenstehenden Vorbehalt in § 29 des Gesetzes über das summarische Verfahren von 1848 Anwendung. Bevor das Gericht jedoch jemanden bestraft oder sonstige Maßnahmen gegen ihn trifft, hat es die näheren Umstände des Falles zu untersuchen, wenn es nicht aus genau denselben Richtern besteht wie dasjenige Gericht, das den Betreffenden schuldig gesprochen hat.

§ 26. Zurückstellung zum Zwecke der Untersuchung des körperlichen oder geistigen Zustandes

1. Wird jemand vor einem Gericht mit summarischem Verfahren einer Tat beschuldigt, die im summarischem Verfahren mit Gefängnis bestraft werden kann, und stellt das Gericht fest, daß der Betreffende zwar die Straftat begangen hat, ist es aber zugleich der Auffassung, daß vor der endgültigen Entscheidung über seine Verurteilung eine Untersuchung seines körperlichen oder geistigen Zustandes stattfinden sollte, so soll das Gericht unbeschadet der ihm nach dem vorhergehenden Paragraphen zustehenden Befugnisse den Betreffenden für einen solchen Zeitabschnitt oder solche Zeitabschnitte, die es für erforderlich

hält, um eine ärztliche Untersuchung und den darüber zu erstattenden Bericht zu ermöglichen, in Haft oder gegen Kaution (mit oder ohne Sicherheit) zurückstellen; der einzelne derartige Zeitabschnitt soll drei Wochen nicht übersteigen.

2. Wird jemand nach diesem Paragraphen gegen Kaution zurückgestellt, so ist es ihm zur Bedingung zu machen, daß er sich bei einem approbierten Facharzt an einer in der Verpflichtungserklärung bezeichneten Anstalt oder Stätte oder bei einem ebenso bezeichneten approbierten Facharzt einer ärztlichen Untersuchung unterzieht. Wenn die entsprechenden Vorkehrungen für seine Aufnahme getroffen sind, kann es dem Betreffenden zur Bedingung gemacht werden, daß er während eines in der Verpflichtungserklärung bezeichneten Zeitraumes sich in einer ebenfalls dort bezeichneten Anstalt oder Stätte zum Zwecke der Untersuchung aufhält; es darf sich dabei nicht um eine Anstalt oder Stätte handeln, der er hätte zugewiesen werden können.

3. Ist jemandem, der vor einem Gericht mit summarischem Verfahren einer klagbaren Straftat beschuldigt ist, gegen Übernahme einer Schuldverpflichtung mit oder ohne Sicherheit unter der auflösenden Bedingung seines Erscheinens vor einem Geschworenen- oder Quartalsgericht die Möglichkeit gewährt Kaution zu stellen, und ist das Gericht der Auffassung, daß eine Untersuchung der vorerwähnten Art stattfinden sollte, so kann es ohne Schaden für die Bedingung seines Erscheinens zum weiteren Inhalt der Verpflichtung gemacht werden, daß der Betreffende sich ärztlicher Untersuchung oder einem Aufenthalt der vorerwähnten Art unterzieht.

4. Soweit das Gericht von den ihm durch diesen Paragraphen zugesprochenen Befugnissen Gebrauch macht, soll es

a) wenn es sich um den Fall der Zurückstellung in Haft handelt, der Anstalt oder Stätte, der der Betroffene zugewiesen ist, und
b) wenn es sich um den Fall der Freilassung gegen Kaution handelt, der Anstalt oder Stätte, in welcher oder der Person, durch welche der Betroffene untersucht werden soll,

eine Zusammenstellung der Gründe zugehen lassen, aus denen sich seine Auffassung von der Notwendigkeit einer Untersuchung seines körperlichen und geistigen Zustandes ergibt. Es soll dazu die Unterlagen übermitteln, die es über den körperlichen oder geistigen Zustand des Betreffenden erhalten hat.

5. Das Gesetz über Kosten in Strafverfahren findet auf einen approbierten Facharzt, der im Rahmen dieses Paragraphen einen Bericht anders als in Schriftform erstattet, ohne Rücksicht darauf Anwendung, daß auf das Verfahren, für dessen Zwecke der Bericht erstattet ist, § 1 des vorliegenden Gesetzes nicht angewendet werden kann.

6. Ohne Rücksicht auf entgegenstehende Vorschriften des Gesetzes über Geisteskrankheiten von 1890 und des Gesetzes über die Behandlung geistiger Störungen von 1930 oder der Gesetze über geistige Mängel von 1917 und 1938 kann jemand, der nach diesem Paragraphen gegen Kaution zurückgestellt ist, zum Zwecke ärztlicher Untersuchung

in einer Anstalt im Sinne des Gesetzes über die Behandlung geistiger Störungen von 1930 bzw. in einer Anstalt für Schwachsinnige oder einem sonst anerkannten Hause im Sinne der Gesetze über geistige Mängel von 1913 und 1938 aufgenommen werden. Wer dementsprechend in einem genehmigten Haus oder in einem eingetragenen Krankenhaus aufgenommen ist, wird jedoch für die Vorschriften des Gesetzes über die Geisteskrankheiten von 1890, soweit diese sich auf die Zahl der aufzunehmenden Patienten beziehen, als Patient gerechnet.

§ 27. Zurückstellung und Überweisung von Personen unter 21 Jahren

1. Stellt das Gericht einen noch nicht Einundzwanzigjährigen, der einer Straftat beschuldigt oder ihretwegen für schuldig erklärt und nicht gegen Kaution freigelassen ist, zur Verhandlung oder Aburteilung zurück oder überweist ihn zu diesem Zweck, so gelten, soweit nicht dieser Paragraph ausdrücklich etwas anderes bestimmt, die folgenden Vorschriften:

a) wenn der Betreffende noch nicht 14 Jahre alt ist, ist er einem Heim für Zurückgestellte (remand home) zuzuweisen;

b) wenn er zwar 14, aber noch nicht 17 Jahre alt ist, ist er einem Heim für Zurückgestellte zuzuweisen, es sei denn, daß das Gericht von Amts wegen feststellt, daß er einen zu aufsässigen Charakter hat, um in einem solchen sicher genug festgehalten werden zu können, oder einen zu verdorbenen, um für die Unterbringung dort geeignet zu sein;

c) wenn er mindestens 17 Jahre alt ist oder wenn das Gericht zu dem gleichen Ergebnis kommt wie in dem vorstehenden Unterabsatz und es von dem Innenminister in Kenntnis gesetzt ist, daß eine Anstalt für Zurückgestellte (remand centre) zur Verfügung steht, die von ihm zugewiesene Personen von der Klasse oder Gattung des Betreffenden aufnehmen kann, so ist er einer Anstalt für Zurückgestellte zuzuweisen, anstatt in ein Gefängnis eingeliefert zu werden.

2. Abgesehen von dem unten vorbehaltenen Fall ist jemand, der von einem Gericht mit summarischem Verfahren nach § 20 des vorliegenden Gesetzes mit dem Ziel seiner Verurteilung zu Borstalerziehung zur Aburteilung überwiesen oder unter Haft zurückgestellt ist,

a) einer Anstalt für Zurückgestellte zuzuweisen, wenn das Gericht vom Innenminister in Kenntnis gesetzt ist, daß eine solche zur Verfügung steht und von ihm zugewiesene Personen von der Klasse oder Gattung des Betreffenden aufnehmen kann;

b) ohne eine solche Anzeige an das Gericht ist der Betreffende in ein Gefängnis einzuweisen.

Ist der Betreffende jedoch noch nicht 17 Jahre alt und ist er nach Absatz 7 des genannten § 20 in Erwartung eines Berichts oder von Empfehlungen des Beauftragten für das Gefängniswesen zurückgestellt, hat andererseits das Gericht keine Anzeige der vorerwähnten Art erhalten, so ist der Betreffende einem Heim für Zurückgestellte zuzuweisen, es sei denn, daß das Gericht von Amts wegen feststellt, daß er einen zu aufsässigen Charakter hat, um in einem solchen sicher genug festgehalten werden zu können, oder einen zu verdorbenen, um für die Unterbringung dort geeignet zu sein.

3. Wird jemand, der mindestens 14, aber noch nicht 17 Jahre alt ist, nach § 26 des vorliegenden Gesetzes in Erwartung einer Untersuchung wegen seines körperlichen oder geistigen Zustandes unter Haft zurückgestellt und stellt das Gericht fest, daß während der Zeit seiner Unterbringung in einem Heim für Zurückgestellte, in das er ohne die Bestimmungen dieses Absatzes eingewiesen worden wäre, Voraussetzungen für eine solche Untersuchung nach dem vorliegenden Gesetz nicht vorhanden sind und auch nicht geschaffen werden können, so soll das Gericht den Betreffenden in eine Anstalt für Zurückgestellte einweisen, wenn es davon in Kenntnis gesetzt ist, daß eine solche Anstalt zur Verfügung steht und von ihm zugewiesene Personen von der Klasse oder Gattung des Betreffenden aufnehmen kann.

4. Wird jemand nach einer Vorschrift des vorliegenden Gesetzes einem Heim oder einer Anstalt für Zurückgestellte zugewiesen, so ist das Heim oder die Anstalt in dem Vollziehungsbefehl näher zu bezeichnen und der Betreffende ist dort für die Zeit unterzubringen, für die er zurückgestellt ist oder bis er zum gesetzlich vorgesehenen Zeitpunkt von dort freigegeben wird.

5. Ist jemand nach einer Vorschrift des vorliegenden Gesetzes einem Heim für Zurückgestellte zugewiesen worden, so kann das Gericht, von dem er zugewiesen worden ist, oder, wenn ein entsprechender Antrag bei diesem Gericht zweckmäßigerweise nicht einzureichen wäre, von jedem Gericht mit summarischem Verfahren, das für den Ort zuständig ist, an dem das andere Gericht getagt hat, die Zuweisung dadurch abändern, daß es das in Frage stehende Heim für Zurückgestellte durch ein anderes ersetzt. Wenn der so Zugewiesene mindestens 14 Jahre alt ist und das Gericht Kenntnis davon erhält, daß er einen zu aufsässigen Charakter hat, um in einem Heim für Zurückgestellte sicher genug festgehalten werden zu können, oder einen zu verdorbenen, um für die Unterbringung dort geeignet zu sein, so kann es die Zuweisung widerrufen und den Betreffenden

a) einer Anstalt für Zurückgestellte überweisen, wenn es davon in Kenntnis gesetzt ist, daß eine solche zur Verfügung steht und von ihm zugewiesene Personen von der Klasse oder Gattung des Betreffenden aufnehmen kann, und
b) ohne eine solche Anzeige ihn in ein Gefängnis einweisen.

6. Der Ausdruck „Gericht“ in diesem Paragraphen schließt einen Friedensrichter ein.

Rechtsverletzungen, die im summarischen oder im ordentlichen Verfahren abgeurteilt werden können

§ 28. Verfahren bei Rechtsverletzungen, die entweder im summarischem oder im ordentlichen Verfahren abgeurteilt werden können

1. Wird jemand, der im Alter von mindestens 14 Jahren steht, vor einem Gericht mit summarischem Verfahren einer Straftat beschuldigt, die auf Grund irgendeiner gesetzlichen Bestimmung entweder im summarischen oder im ordentlichen Verfahren abgeurteilt werden kann, so kann das Gericht, wenn vor Eintritt in die Anklage ein entsprechender Antrag des Anklagevertreters vorliegt, nach näherer Vorschrift dieses Paragraphen dahin entscheiden, daß der Fall im summarischen Verfahren verhandelt wird. Trifft es eine solche Entscheidung nicht, so verhandelt es den Fall, als wenn die Straftat ausschließlich im ordentlichen Verfahren abgeurteilt werden könnte.

2. Hat das Gericht in Übereinstimmung mit dem vorhergehenden Absatz begonnen, einen Fall zu verhandeln, als wenn die Straftat ausschließlich im ordentlichen Verfahren abgeurteilt werden könnte, dann kann es nach den folgenden Vorschriften dieses Paragraphen dahin entscheiden, daß der Fall im summarischen Verfahren verhandelt wird, wenn es dies zu irgendeinem Zeitpunkt des Verfahrens mit Rücksicht auf bestimmte Vorstellungen, die in Anwesenheit des Angeklagten von oder im Namen des Anklagevertreters oder die von oder im Namen des Angeklagten selbst erhoben werden, sowie mit Rücksicht auf die Eigenart des Falles für richtig hält. Wird jedoch die Anklage von dem Direktor für öffentliche Strafverfolgung (director for public prosecutions) vertreten, so darf das Gericht den Fall nur mit dessen Zustimmung nach diesem Absatz im summarischen Verfahren verhandeln.

3. Schlägt das Gericht vor, den Fall nach dem vorhergehenden Absatz im summarischen Verfahren zu verhandeln, so veranlaßt es, daß die Anklage schriftlich niedergelegt und dem Angeklagten verlesen wird. Dem Angeklagten soll Gelegenheit zur Äußerung gegeben werden. Erklärt er sich für „nicht schuldig“, so lädt das Gericht diejenigen Zeugen, die bereits ihre Aussage gemacht haben (mit Ausnahme derjenigen, die weder der Angeklagte noch der Anklagevertreter verlangt), noch einmal zum Gegenverhör. Die Aussage selbst ist ihrerseits zu behandeln, als sei sie zum Zwecke der Verhandlung der Straftat im summarischen Verfahren gemacht.

4. Beantragt das Gericht, den Fall nach Absatz 1 oder 2 dieses Paragraphen im summarischen Verfahren zu verhandeln, und ist der Angeklagte nach § 17 des Gesetzes über das summarische Verfahren von 1879 berechtigt, Verhandlung vor dem Schwurgericht zu verlangen, so soll das Gericht, nachdem die Anklage dem Beschuldigten verlesen worden ist, diesen in der Weise belehren, wie es in jenem durch das vorliegende Gesetz abgeänderten Paragraphen vorgeschrieben ist. Stellt

der Beschuldigte ein entsprechendes Verlangen, so soll das Gericht den Fall nicht im summarischen Verfahren verhandeln, sondern es soll in der durch den genannten § 17 geforderten Weise verfahren.

5. Um Zweifel auszuschließen, wird hierdurch festgestellt, daß dieser Paragraph keine Anwendung findet

a) auf eine Straftat, die ausschließlich nach § 17 des Gesetzes über das summarische Verfahren von 1879 klagbar ist;

b) auf eine Straftat, die nach § 11 jenes Gesetzes oder nach § 24 des Strafgerichtsgesetzes von 1925 nur mit Zustimmung des Angeklagten im summarischen Verfahren verhandelt werden kann.

In keinem Punkte darf eine Auslegung dieses Paragraphen dahin führen, daß eine gesetzliche Bestimmung beeinträchtigt wird, nach der die Zustimmung des Betroffenen erforderlich ist, wenn eine klagbare Straftat im summarischen Verfahren verhandelt werden soll, oder nach der dem Betroffenen ein Einspruch dagegen zusteht, daß dies geschieht. Ebensowenig darf eine solche Auslegung dahin führen, daß ein Gericht ermächtigt wird, eine Rechtsverletzung im summarischen Verfahren zu verhandeln, wenn nicht das Verfahren innerhalb der Frist beginnt, die insoweit durch § 11 des Gesetzes über das summarische Verfahren von 1848 oder durch eine andere auf die fragliche Rechtsverletzung anzuwendende gesetzliche Bestimmung vorgeschrieben ist.

6. Hat ein Gericht mit summarischem Verfahren nach diesem Paragraphen begonnen, eine klagbare Straftat, die im ordentlichen Verfahren zu bestrafen wäre, im summarischem Verfahren abzuwickeln, so kann es, wenn der Fall von seiten der Anklagevertretung noch nicht als abgeschlossen betrachtet wird, jederzeit das summarische Verfahren unterbrechen und die Anklage als gegen eine klagbare Straftat gerichtet weiterbehandeln. Abgesehen von diesem einen Fall soll ein Gericht, nachdem es einmal begonnen hat, eine derartige Straftat im summarischen Verfahren abzuwickeln, weder nach diesem Paragraphen noch nach einer sonstigen gesetzlichen Bestimmung die Anklage als gegen eine klagbare Straftat gerichtet weiterbehandeln.

§ 29. Überweisung zur Aburteilung wegen klagbarer Straftaten, die im summarischen Verfahren verhandelt worden sind

1. Wird jemand, der im Alter von mindestens 17 Jahren steht, nach § 28 Absatz 2 des vorliegenden Gesetzes oder nach § 24 des Strafgerichtsgesetzes von 1925 wegen einer klagbaren Straftat von einem Gericht mit summarischem Verfahren zur Rechenschaft gezogen und ihretwegen auch für schuldig erklärt, so kann das Gericht, wenn es nach Erhalt von Unterlagen über den Charakter und das Vorleben des Betreffenden der Auffassung ist, daß nach deren besonderer Beschaffenheit das Vergehen strenger bestraft werden müßte als das Gericht zu strafen befugt ist, ihn in Übereinstimmung mit den nachfolgenden Vorschriften dieses Paragraphen zur Aburteilung an das

Quartalsgericht überweisen, anstatt diejenigen Maßnahmen gegen ihn zu treffen, zu denen es selbst befugt ist.

2. Wird in dieser Weise gegen den Täter verfahren, so ist er,

a) wenn das Gericht mit summarischem Verfahren für eine andere Grafschaft als die von London oder für eine Stadt zuständig ist, die kein eigenes Quartalsgericht besitzt, dem Berufungsausschuß des Quartalsgerichts für jene Grafschaft bzw. derjenigen Grafschaft zu übergeben, in der jene Stadt liegt;

b) in allen anderen Fällen dem nächsten für die Grafschaft, Stadt oder Örtlichkeit zuständigen Quartalsgericht, für die das Gericht mit summarischem Verfahren tätig ist.

Wird der Täter dementsprechend einem Berufungsausschuß überwiesen, so hat der für die Geschäftsführung verantwortliche Gerichtsbeamte des Gerichts mit summarischem Verfahren dem für die Geschäftsführung verantwortlichen Gerichtsbeamten des Friedensgerichts und dieser hat den Anklagevertreter und den Direktor des Gefängnisses oder der Anstalt für Zurückgestellte, in das oder die der Täter eingewiesen ist, von dem Tage der Verhandlung des Falles vor dem Berufungsausschuß in Kenntnis zu setzen. Es soll sich nach Möglichkeit um die nächste Sitzung eines aus den Mitgliedern jenes Ausschusses bestehenden Gerichts handeln.

3. Wird der Täter nach dem Vorstehenden zur Aburteilung überwiesen, so finden die folgenden Vorschriften Anwendung:

a) Der Berufungsausschuß oder das Quartalsgericht hat die näheren Umstände des Falles zu untersuchen und ist befugt, diejenigen Maßnahmen gegen den Täter zu treffen, die durch ein Quartalsgericht hätten getroffen werden können, von dem er wegen der Tat im ordentlichen Verfahren für schuldig erklärt worden wäre.

b) Das Gesetz über die Verteidigungskosten bedürftiger Häftlinge von 1930 (Poor Prisoners Defence Act, 1930) findet Anwendung, als wenn der Täter wegen einer klagbaren Straftat dem Gericht zur Aburteilung übergeben worden wäre, mit der Einschränkung, daß in § 1 Absatz 2 die Worte „nach Verlesen der eidlichen Aussagen" und in § 3 Absatz 2 die Worte „und die Kosten einer Ausfertigung der eidlichen Aussagen" fortfallen.

c) Das Gesetz über die Kosten in Strafsachen von 1908 (Costs in Criminal Cases Act, 1908) findet auf das Verfahren vor dem Berufungsausschuß bzw. dem Quartalsgericht in gleicher Weise Anwendung wie bei der Verfolgung einer klagbaren Straftat vor einem Quartalsgericht.

d) Wenn der Berufungsausschuß oder das Quartalsgericht ein Urteil fällt, das zu fällen ein Gericht mit summarischem Verfahren keine Befugnis gehabt hätte, so kann der Täter bei dem Berufungsgericht (Appellationsgerichtshof) in Strafsachen Berufung einlegen, als wenn er im ordentlichen Verfahren verurteilt worden wäre. Die Vorschriften des Gesetzes über Berufung in Strafsachen (Criminal Appeal Act) von 1907 finden entsprechende Anwendung.

4. Soweit eine durch den vorhergehenden Absatz anwendbar gemachte oder eine sonstige auf Personen, die sich vor einem Quartalsgericht zu verantworten hatten, bezogene gesetzliche Bestimmung (auch des vorliegenden Gesetzes) Bezugnahmen auf ein Quartalsgericht oder ein Gericht allgemein enthält, sind diese als Bezugnahme auf den Berufungsausschuß eines Quartalsgerichts auszulegen, durch den der Täter nach jenem Absatz zur Verantwortung gezogen wird.

5. Für einen Täter, der nach diesem Paragraphen zur Aburteilung übergeben ist, gilt § 23 Absatz 1 des vorliegenden Gesetzes, als wenn die Worte „durch Wahrspruch der Geschworenen" durch die Worte ersetzt wären „durch den Berufungsausschuß oder das Quartalsgericht, und nicht durch Wahrspruch der Geschworenen".

Vermischte Vorschriften über das Verfahren, über Berufungen, Beweisführung usw.

§ 30. Abschaffung von Vorrechten des Hochadels (Peers) in Strafverfahren

1. Vorrechte des Hochadels in Strafverfahren werden hierdurch beseitigt.

2. In Strafverfahren bleiben, um welche Straftat es sich auch handeln und wo immer der Prozeß stattfinden mag, die Zuständigkeit, der Verfahrensablauf, die Strafen, die Art der Anordnungen und die Berufungsmöglichkeiten dieselben, gleich ob es sich um Personen handelt, die ohne diesen Paragraphen Vorrechte des Hochadels genießen würden, oder um irgend einen anderen Untertanen Seiner Majestät.

§ 31. Zuständigkeit und Verfahren bei bestimmten im Ausland begangenen klagbaren Straftaten

1. Begeht ein britischer Staatsangehöriger, der unter der Regierung Seiner Majestät im Vereinigten Königreich im Dienste der Krone beschäftigt ist, im Ausland durch eine Handlung im Rahmen seiner Tätigkeit ein Vergehen, das, in England begangen, im ordentlichen Verfahren bestraft werden würde, so gilt er eines Vergehens der gleichen Art als schuldig und ist derselben Bestrafung unterworfen, als wenn das Vergehen in England begangen wäre.

2. Wegen eines Vergehens im Sinne dieses Paragraphen kann jemand in derjenigen Grafschaft oder an dem Ort, an dem er festgenommen ist oder sich in Haft befindet, vor Gericht gebracht, angeklagt, in ein Verfahren verwickelt und bestraft werden, als wenn das Vergehen in jener Grafschaft oder an jenem Ort begangen worden wäre; auch für alle Begleiterscheinungen oder Folgen des Verfahrens oder der Bestrafung gilt das Vergehen als in jener Grafschaft oder jenem Ort begangen.

3. § 1 Absatz 4 des Gesetzes über das Gerichtswesen von 1933 (Administration of Justice [Miscellaneons Provisions] Act, 1933) (nach dem das Verfahren dadurch fortgesetzt werden kann, daß in allen Fällen

einer Anklage nach denjenigen gesetzlichen Bestimmungen, die in Anhang 1 jenes Gesetzes näher bezeichnet sind, diese bei einem großen Geschworenengericht der Grafschaft von London und der Grafschaft von Middlesex eingereicht wird) tritt außer Kraft. Absatz 2 dieses Paragraphen findet auf eine Straftat, im Hinblick auf die eine Anklageschrift in dieser Weise hätte eingereicht werden können, wenn der vorliegende Absatz nicht entgegenstünde, genau so Anwendung wie auf eine Straftat nach diesem Paragraphen.

§ 32. Zustellung einer einzigen Ladung bei mehr als einer Anklage

1. Sind nach den Gesetzen über das summarische Verfahren zwei oder mehr Anklagen gegen dieselbe Person oder dieselben Personen erhoben, so können sämtliche Anklagen gegen jene Person oder gegen einzelne der mehreren Personen nach jenen Gesetzen in einer Ladung zusammengefaßt werden. Der Gegenstand jeder einzelnen Anklage soll jedoch in der Ladung getrennt aufgeführt werden.

2. Jede derartige Ladung wird im Sinne der Gesetze über summarisches Verfahren behandelt, als laufe für jede Anklage eine gesonderte Ladung.

3. Die vorhergehenden Vorschriften dieses Paragraphen finden auf Beschwerden in gleicher Weise Anwendung wie auf Anklagen.

§ 33. Zustellung von Anklageabschriften an Personen, die zur Aburteilung überwiesen sind

Wer Anspruch auf Ausfertigungen der nach dem Gesetz über klagbare Straftaten von 1848 (Indictable Offences Art, 1848) gemachten eidlichen Aussagen hat, hat auch Anspruch auf Ausfertigungen der schriftlichen Anklage, wie sie — wenn vorhanden — nach § 20 jenes Gesetzes zusammen mit den Aussagen übermittelt werden muß. Eine gesetzliche Bestimmung, die sich auf die Zustellung von Ausfertigungen solcher Aussagen bezieht, findet auf die zugehörige Anklage entsprechende Anwendung.

§ 34. Abänderung des Gesetzes über Berufungen im summarischen Verfahren von 1933

An die Stelle von § 7 Absatz 3 Ziffer a) des Gesetzes über Berufungen im summarischen Verfahren (Summary Jurisdiction [Appeals] Act) von 1933 (der die Ernennung von Berufungsausschüssen bei Quartalsgerichten regelt) tritt die folgende Ziffer:

„a) bei der Ernennung von Mitgliedern des Ausschusses soll das Quartalsgericht, soweit durchführbar, solche Richter auswählen, die eine besondere Eignung für die Tätigkeit im Berufungsverfahren besitzen, unter diesen namentlich solche, deren besondere Kenntnis sich auf die Behandlung von Fällen Jugendlicher erstreckt."

§ 35. Ablehnung von Geschworenen und Sichzurückziehen der Geschworenenversammlung

1. Wer wegen eines schweren Verbrechens oder strafbaren Vergehens unter Anklage steht, kann ohne Grund im Höchstfall sieben, mit Grund dagegen die Gesamtheit bzw. jede beliebige Zahl der Geschworenen ablehnen.

2. Wird gegen jemanden wegen einer Straftat im ordentlichen Verfahren verhandelt, so entscheidet über eine begründet erfolgte Ablehnung von Geschworenen derjenige Richter, Vorsitzende des Quartalsgerichts, mit der zeitweiligen Wahrnehmung richterlicher Geschäfte beauftragte Beamte oder sonst Beteiligte, vor dem der Fall des Angeklagten später selbst verhandelt wird.

3. Wird gegen jemanden wegen eines schweren Verbrechens oder strafbaren Vergehens im ordentlichen Verfahren verhandelt, so können entweder sämtliche oder je zwei und mehr Geschworene zusammen vereidigt werden. Es ist jedoch dem Anklagevertreter und dem Angeklagten Gelegenheit zu geben, jeden von ihnen getrennt abzulehnen, ehe der Eid abgenommen wird.

4. Wird gegen jemanden wegen einer Straftat im ordentlichen Verfahren verhandelt, so kann das Gericht jederzeit vor der Beratung über den Wahrspruch den Geschworenen gestatten, sich zurückzuziehen, wenn es dies für richtig hält.

§ 36. Berufung vom Gericht mit summarischem Verfahren an das Quartalsgericht

1. Wer von einem Gericht mit summarischem Verfahren schuldig gesprochen ist, hat das Recht,

a) wenn er sich für „schuldig“ erklärt oder die Richtigkeit der Anklage zugegeben hat, gegen seine Strafe,
b) in allen anderen Fällen gegen den Schuldspruch oder die Strafe bei einem Quartalsgericht Berufung einzulegen. Im einzelnen gelten die entsprechenden Vorschriften der Gesetze über die summarische Gerichtsbarkeit. Ist jemand von einem Gericht mit summarischem Verfahren wegen eines Vergehens bestraft, wegen dessen er von einem anderen Gericht dieser Art für schuldig erklärt war, so hat er in gleicher Weise das Recht der Berufung gegen seine Strafe.

2. Im Sinne des vorhergehenden Absatzes schließt der Ausdruck „Strafe“ jede beliebige Anordnung ein, die aus Anlaß der Verurteilung durch ein Gericht mit summarischem Verfahren ergangen ist, soweit es sich nicht handelt um

a) eine Bewährungsanordnung oder eine Anordnung über bedingten Straferlaß;
b) eine Anordnung zur Zahlung von Kosten;
c) eine Anordnung nach § 2 des Tierschutzgesetzes von 1911 (Protection of Animals Act, 1911) (der das Gericht ermächtigt, die Beseitigung eines Tieres anzuordnen);

d) eine Anordnung, deren Erlaß nach der dafür maßgebenden gesetzlichen Bestimmung sowohl im ganzen wie hinsichtlich ihrer einzelnen Bestimmungen nicht im freien Ermessen des Gerichts steht.

3. Hat ein Gericht mit summarischem Verfahren nach der Schuldigsprechung einen Fall vertagt, so gilt im Sinne des § 31 des Gesetzes über das summarische Verfahren von 1879 der Tag, an dem das Gericht die Strafe verkündet oder sonstige Maßnahmen gegen den Täter trifft, als der Tag der Entscheidung des Gerichts.

4. Veranlaßt ein entsprechend den nachfolgenden Vorschriften dieses Paragraphen gestellter Antrag ein Quartalsgericht zu der Feststellung, daß jemand, der bei diesem Gericht in Übereinstimmung mit § 31 des Gesetzes über das summarische Verfahren von 1879 Berufung einlegen wollte, es versäumt hat, die durch Absatz 1 Ziffer 2 jenes Paragraphen geforderte Mitteilung über die Berufung in der dort vorgeschriebenen Zeit von vierzehn Tagen zu machen, so kann das Gericht, wenn es dies für richtig hält, anordnen, daß eine derartige Berufungsmitteilung, soweit sie vor dieser Anordnung oder innerhalb einer weiteren in ihr zu bestimmenden Frist erfolgt, auch nach Ablauf des angegebenen Zeitraumes behandelt wird, als wäre sie innerhalb des Zeitraumes eingegangen.

5. Ein Antrag auf eine Anordnung im Sinne des vorhergehenden Absatzes soll Schriftform haben und von dem Antragsteller dem für die Geschäftsführung verantwortlichen Gerichtsbeamten des Friedensgerichts zugeleitet werden. Ist eine entsprechende Anordnung von dem Gericht erlassen, so hat der für die Geschäftsführung verantwortliche Gerichtsbeamte des Friedensgerichts sowohl dem Antragsteller wie dem rechtskundigen Beamten des Gerichts mit summarischem Verfahren, gegen dessen Entscheidung die Berufung zu richten ist, Kenntnis davon zu geben und der Antragsteller seinerseits dem Prozeßgegner.

6. Die Befugnisse eines Quartalsgerichts nach Absatz 3 dieses Paragraphen werden ausgeübt:

a) wenn es sich um ein Quartalsgericht für eine andere Grafschaft als London handelt, von dem Vorsitzenden des Berufungsausschusses des Quartalsgerichts oder seinem Stellvertreter;

b) wenn es sich um das Quartalsgericht für eine grafschaftsfreie Stadt handelt, von dem dort mit der zeitweiligen Wahrnehmung richterlicher Geschäfte beauftragten Beamten oder seinem Stellvertreter;

c) wenn es sich um ein Quartalsgericht für die Grafschaft London handelt, von dem besoldeten Vorsitzenden oder besoldeten Stellvertreter des Quartalsgerichts (einschließlich solcher Personen, die nach § 2 des Gesetzes über Quartalsgerichte in London von 1896 oder nach § 54 des Gesetzes über die allgemeinen Befugnisse des Londoner Grafschaftsrats von 1947 zur zeitweiligen Wahrnehmung des Amtes eines besoldeten Vorsitzenden oder besoldeten Stellvertreters oder zum zusätzlichen Stellvertreter bestimmt sind).

Die genannten Befugnisse können sowohl innerhalb wie außerhalb der Grafschaft oder Stadt ausgeübt werden, für die das Quartalsgericht abgehalten wird.

7. § 31 Absatz 1 Ziffer 3 des Gesetzes über das summarische Verfahren von 1879 (der von demjenigen, der gegen die Entscheidung eines Gerichts mit summarischem Verfahren bei einem Quartalsgericht Berufung einlegt, die Übernahme einer Schuldverpflichtung unter der auflösenden Bedingung verlangt, daß er seine Berufung mit Nachdruck betreibt) tritt außer Kraft.

8. Die Befugnisse eines Gerichts mit summarischem Verfahren nach Ziffer 1 des erwähnten Absatzes 1 (der die Freilassung gegen Kaution in Fällen zum Inhalt hat, wo jemand gegen die Entscheidung eines Gerichts mit summarischem Verfahren bei einem Quartalsgericht Berufung einlegt) können von jedem Richter ausgeübt werden, der das Gericht unterster Instanz in dem Bezirk oder Ort vertritt, für den jenes Gericht zuständig ist.

§ 37. Kaution bei Berufung, Rechtsgutachten oder Antrag auf Aktenübersendung

1. Unbeschadet alter, aus der Zeit vor Erlaß des vorliegenden Gesetzes stammender Befugnisse eines Gerichts, jemanden gegen Kaution freizulassen oder seine Freilassung anzuordnen,

a) kann der Oberste Gerichtshof (High Court) jemanden, der einem Quartalsgericht von der Berufung gegen eine Verurteilung oder Bestrafung durch ein Gericht mit summarischem Verfahren Mitteilung gemacht hat, gegen Übernahme einer Schuldverpflichtung unter der auflösenden Bedingung seines Erscheinens in der Berufungsverhandlung aus der Haft entlassen;

b) kann der Oberste Gerichtshof oder ein Quartalsgericht jemanden aus der Haft entlassen, der beim Quartalsgericht gegen eine Verurteilung oder Bestrafung der vorerwähnten Art Berufung eingelegt und dann nach § 20 des Strafgerichtsgesetzes von 1925 bei ihm den Antrag gestellt hat, über den Fall ein Rechtsgutachten des Obersten Gerichtshofs einzuholen. Wenn nicht die Entscheidung des Obersten Gerichtshofs etwas anderes bestimmt, ist die Entlassung abhängig von der Übernahme einer Schuldverpflichtung unter der auflösenden Bedingung, daß der Antragsteller in der Sitzung erscheint, in der die Entscheidung des Obersten Gerichtshofs nach § 25 des Gesetzes über den Vereinigten Obersten Gerichtshof von 1925 (Supreme Court of Judicature [Consolidation] Act, 1925) oder die Berufung an das Quartalsgericht zur nochmaligen Verhandlung eingetragen wird;

c) kann der Oberste Gerichtshof jemanden aus der Haft entlassen, der nach Verurteilung oder Bestrafung durch ein Gericht mit summarischem Verfahren bei diesem den Antrag gestellt hat, über den Fall ein Rechtsgutachten des Obersten Gerichtshofs einzuholen. Die Entlassung ist abhängig von der Übernahme einer Schuldverpflichtung unter der auflösenden Bedingung, daß der Antragsteller innerhalb von 10 Tagen, nachdem die Entscheidung des Obersten Gerichtshofs ergangen ist, vor einem Gericht mit summarischem Verfahren erscheint, das für das Gericht unterster Instanz in demselben Bezirk zuständig ist wie das Gericht, das den Betreffenden verurteilt oder bestraft hat. Dies gilt jedoch nur, wenn die Entscheidung, hinsichtlich deren das Gutachten abgegeben ist, nicht durch die des Obersten Gerichtshofs aufgehoben wird;

d) kann der Oberste Gerichtshof jemanden aus der Haft entlassen, der nach Verurteilung oder Bestrafung durch ein Gericht mit summarischem Verfahren bei dem Obersten Gerichtshof beantragt hat, Aktenübersendung anzuordnen, damit der Prozeß von dem Gericht mit summarischem Verfahren auf den Obersten Gerichtshof übergeht, oder der von dem Obersten Gerichtshof die Genehmigung erbeten hat, einen solchen Antrag zu stellen. Die Entlassung ist abhängig von der Übernahme einer Schuldverpflichtung unter der auflösenden Bedingung, daß der Antragsteller innerhalb von 10 Tagen, nachdem die Entscheidung des Obersten Gerichtshofs ergangen ist, vor einem Gericht mit summarischem Verfahren erscheint, das für das Gericht unterster Instanz in demselben Bezirk zuständig ist wie das Gericht, das den Betreffenden verurteilt oder bestraft hat. Dies gilt jedoch nur dann, wenn das Urteil oder die Strafe nicht durch jene Entscheidung aufgehoben ist.

2. Eine im Sinne des vorhergehenden Absatzes übernommene Schuldverpflichtung soll im Rahmen des vom Gericht für notwendig Befundenen einen angemessenen Betrag umfassen, und das Gericht kann verlangen, daß die Schuldverpflichtung mit oder ohne Sicherheit übernommen wird. Es kann auch, anstatt zu verlangen, das jemand die Schuldverpflichtung übernimmt, sich damit einverstanden erklären, daß er in anderer Weise Bürgschaft leistet.

3. Macht der Oberste Gerichtshof von der ihm durch diesen Paragraphen zugesprochenen Befugnis, jemanden aus der Haft zu entlassen, Gebrauch, so kann er anordnen, daß vor einem Quartalsgericht, einem Gericht mit summarischem Verfahren oder einem Friedensgericht eine Schuldverpflichtung übernommen oder sonstwie Bürgschaft geleistet wird.

4. Nach § 99 des Gesetzes über den Vereinigten Obersten Gerichtshof von 1925 (Supreme Court of Judicature [Consolidation] Act) können Verfahrensvorschriften erlassen werden, in denen

a) eine Regelung darüber erfolgt, in welcher Weise im Sinne dieses Paragraphen eine Schuldverpflichtung übernommen oder sonst Bürgschaft geleistet, sowie durch wen und in welcher Weise eine Schuldverpflichtung oder eine Bürgschaft vollstreckt werden soll;

b) bestimmte Gerichte oder Richter für bestimmte Fälle ermächtigt werden, jemanden, der nach diesem Paragraphen aus der Haft entlassen worden ist, wieder einzuweisen.

Die durch diesen Absatz übertragenen Befugnisse treten zusätzlich zu denen aus dem erwähnten § 99.

5. Die durch Absatz 1 Ziffer b) dieses Paragraphen einem Quartalsgericht übertragene Befugnis kann ausgeübt werden,

a) wenn es sich um ein Quartalsgericht für eine andere Grafschaft als London handelt, von dem Vorsitzenden des Berufungsausschusses;

b) wenn es sich um das Quartalsgericht für eine grafschaftsfreie Stadt handelt, von dem dort mit der zeitweiligen Wahrnehmung richterlicher Geschäfte beauftragten Beamten oder seinem Stellvertreter;

c) wenn es sich um ein Quartalsgericht für die Grafschaft London handelt, von dem besoldeten Vorsitzenden oder besoldeten Stellvertreter des Quartalsgerichts (einschließlich solcher Personen, die nach § 2 des Gesetzes über Quartalsgerichte in London von 1896 oder nach § 54 des Gesetzes über die allgemeinen Befugnisse des Londoner Grafschaftsrats [London County Council (General Powers) Act] von 1947 zur zeitweiligen Wahrnehmung des Amtes eines besoldeten Vorsitzenden oder besoldeten Stellvertreters oder zum zusätzlichen Stellvertreter bestimmt sind).

Die Befugnis kann sowohl innerhalb wie außerhalb der Grafschaft oder Stadt ausgeübt werden, für die das Quartalsgericht abgehalten wird.

6. Die Zeit, während der jemand nach Absatz 1 Ziffer b), Ziffer c) oder Ziffer d) dieses Paragraphen gegen Kaution freigelassen ist, zählt nicht als Teil der Gefängniszeit im Vollzug seiner Strafe. Jede Gefängnisstrafe, die jemandem durch ein Gericht mit summarischem Verfahren oder durch ein Quartalsgericht als Berufungsinstanz auferlegt und nach deren Anordnung er gegen Kaution freigelassen ist, gilt als an dem Tage angetreten oder fortgesetzt, an dem der Betreffende in Vollzug der Strafe ins Gefängnis eingeliefert wird. Im Sinne dieses Absatzes schließt dabei der Ausdruck „Gefängnis" eine Haftanstalt und ein Heim für Zurückgestellte ein. Der Ausdruck „Gefängnishaft" ist entsprechend auszulegen.

§ 38. Abänderung des Gesetzes über Berufung in Strafsachen (Criminal Appeal Act) von 1907

1. Ist ein Berufungskläger im Sinne des Gesetzes über Berufung in Strafsachen von 1907 nach jenem Gesetz gegen Kaution freigelassen, so bleibt die Zeit, während der er sich infolgedessen in Freiheit befindet, bei der Berechnung der Dauer der Strafe, zu der er verurteilt ist, außer Betracht.

2. Abgesehen von den unten vorbehaltenen Fällen bleiben bei der Berechnung der Dauer einer derartigen Strafe sechs Wochen der Zeit außer Betracht, während der einem solchen Berufungskläger in dieser Eigenschaft auf Grund von Vorschriften, die nach § 52 des vorliegenden Gesetzes erlassen sind, eine Sonderbehandlung zuteil wird. Das gleiche gilt für die gesamte Zeitdauer, wenn diese unter sechs Wochen liegt.

Jedoch

a) finden die vorhergehenden Vorschriften keine Anwendung, wenn nach dem Gesetz über Berufung in Strafsachen von 1907 zur Durchführung der Berufung Urlaub gewährt oder für denselben Zweck eine Bescheinigung nach § 3 Ziffer b) jenes Gesetzes erteilt ist;

b) kann der Appellationsgerichtshof in allen anderen Fällen anordnen, daß die erwähnte Zeit überhaupt nicht oder nur zu einem von ihm für richtig befundenen Teil von mehr oder weniger als sechs Wochen außer Betracht bleibt.

3. Unbeschadet der vorhergehenden Bestimmungen dieses Paragraphen beginnt die Dauer einer Strafe, die von dem Appellationsgerichtshof nach dem Gesetz über Berufungen in Strafsachen von 1907 an Stelle einer Strafe ausgesprochen wird, die in dem Verfahren, gegen das die Berufung läuft, über den Berufungskläger verhängt ist, zu dem Zeitpunkt, zu dem sie begonnen haben würde, wenn sie in dem genannten Verfahren verhängt worden wäre, es sei denn, daß das Gericht etwas anderes bestimmt. Bezugnahmen dieses Paragraphen auf eine Strafe, zu der der Berufungskläger bereits verurteilt ist, sind entsprechend auszulegen.

4. Soweit es sich um eine Bestrafung mit Borstalerziehung handelt, ist jede in diesem Paragraphen enthaltene Bezugnahme auf die Dauer dieser Strafe als Bezugnahme auf die Zeitabschnitte auszulegen, während der Bestrafte nach Anhang 2 des vorliegenden Gesetzes in einer Borstalanstalt untergebracht werden kann. Nicht betroffen von einer solchen Auslegung wird ein Zeitabschnitt, während dessen ein entsprechend Bestrafter sich nach dem erwähnten Anhang 2 einer Aufsicht zu unterstellen hat.

5. Wenn der Appellationsgerichtshof eine Berufung oder einen Antrag auf Urlaub zur Durchführung der Berufung abgelehnt hat, kann er dem Berufungskläger oder Antragsteller auferlegen, die gesamten oder einen Teil der Kosten der Berufung oder des Antrags zu zahlen, einschließlich der Kosten einer Abschrift des Stenogramms, das in dem Verfahren entsprechend einer von dem verantwortlichen Beamten nach § 16 des Gesetzes über Berufung in Strafsachen von 1907 gegebenen Anweisung von der Verhandlung aufgenommen worden ist. Eine nach diesem Absatz getroffene Anordnung kann in derselben Weise wie eine von dem Obersten Gericht in Zivilsachen erlassene Kostenanweisung von demjenigen vollstreckt werden, an den die Kosten zu zahlen sind.

6. Die dem Innenminister nach § 19 des Gesetzes über Berufung in Strafsachen von 1907 zustehende Befugnis, den Fall eines im ordentlichen Verfahren Verurteilten bzw. eine Teilfrage daraus an den Appellationsgerichtshof zu verweisen, kann unabhängig davon ausgeübt werden, ob der Betreffende einen Gnadenerweis Seiner Majestät erbeten hat oder nicht.

§ 39. Nachweis von Vorstrafen durch Fingerabdrücke

1. Eine Vorstrafe kann zum Nachteil einer Person in jedem Strafverfahren durch Beibringen solcher Beweismittel, wie sie in diesem Paragraphen angeführt sind, darüber hinaus aber auch dadurch nachgewiesen werden, daß eine Übereinstimmung der Fingerabdrücke des Betreffenden mit denen des Verurteilten dargetan wird.

2. Eine von oder im Namen des Polizeichefs der Hauptstadt unterzeichnete Bescheinigung, die Einzelheiten über eine Verurteilung in Form eines Auszuges aus den von ihm geführten Strafakten enthält und die bestätigt, daß die Wiedergabe der Fingerabdrücke, die der Bescheinigung als Beweisstücke beigefügt sind, eine Wiedergabe derjenigen Abdrücke ist, über die aus den besagten Akten hervorgeht, daß sie in Durchführung des § 8 des Gesetzes über die Zuchthausstrafe (Penal Servitude Act) von 1891 von dem Verurteilten anläßlich seiner Verurteilung gemacht worden sind, gilt als Beweis sowohl für die Verurteilung als auch dafür, daß die Wiedergabe der Fingerabdrücke, die der Bescheinigung als Beweisstücke beigefügt sind, eine Wiedergabe der Fingerabdrücke des Verurteilten ist.

3. Eine von oder im Namen des Direktors eines Gefängnisses oder einer Anstalt für Zurückgestellte, in der jemand in Verbindung mit einem Strafverfahren untergebracht gewesen ist, unterzeichnete Bescheinigung, die bestätigt, daß die ihr als Beweisstücke beigefügten Fingerabdrücke von dem Betreffenden während seiner Haftzeit gemacht worden sind, gilt in einem solchen Verfahren als Beweis dafür, daß die der Bescheinigung als Beweisstücke beigefügten Fingerabdrücke die des Betreffenden sind.

4. Eine von oder im Namen des Polizeichefs der Hauptstadt unterzeichnete Bescheinigung, die bestätigt, daß diejenigen Fingerabdrücke, deren Wiedergabe als von dem Vorbestraften stammend in der oben bezeichneten Weise von oder im Namen des Polizeichefs bestätigt wird, von der gleichen Person stammen wie die Abdrücke, von denen in der oben bezeichneten Weise von oder im Namen des Direktors bestätigt oder sonstwie nachgewiesen wird, daß sie die Fingerabdrücke desjenigen sind, zu dessen Nachteil der Nachweis der Vorstrafe versucht wird, gilt als Beweis für den derart bestätigten Sachverhalt.

5. Das durch diesen Paragraphen vorgesehene Verfahren des Nachweises einer Vorstrafe tritt zusätzlich zu allen anderen derartigen Verfahren.

§ 40. Fingerabdrücke auf richterliche Anordnung

1. Ist jemand, der im Alter von mindestens 14 Jahren steht, nach voraufgegangener Verhaftung vor einem Gericht mit summarischem Verfahren einer Straftat beschuldigt, so kann das Gericht, wenn es dies für richtig hält, auf Antrag eines Polizeibeamten nicht unter dem Rang eines Inspektors anordnen, daß von dem Betreffenden durch einen Polizisten Fingerabdrücke genommen werden.

2. Werden auf eine nach diesem Paragraphen erlassene Anordnung hin Fingerabdrücke genommen, so soll dies entweder beim Gericht oder, wenn derjenige, auf den sich die Anordnung bezieht, unter Haft zurückgestellt ist, dort geschehen, wo er eingewiesen ist. Dem Polizisten ist eine der vernünftigen Durchführung dieses Vorhabens angemessene Gewaltanwendung gestattet.

3. Die Vorschriften dieses Paragraphen treten zusätzlich zu den Vorschriften anderer gesetzlicher Bestimmungen, nach denen Fingerabdrücke von jemanden genommen werden dürfen.

4. Wenn derjenige, von dem auf Grund einer nach diesem Paragraphen erlassenen Anordnung Fingerabdrücke genommen worden sind, nach § 25 des Gesetzes über klagbare Vergehen von 1848 (Indictable Offences Act, 1848) freigesprochen oder entlastet oder wenn die Anklage gegen ihn fallengelassen worden ist, so sind die Fingerabdrücke und sämtliche Kopien und Wiedergaben davon zu vernichten.

§ 41. Beweis durch amtliches Schriftstück

1. Ein von einem Polizisten oder sonst jemandem, der entsprechende vorgeschriebene Eigenschaften besitzt, unterzeichnetes Schriftstück, aus dem hervorgeht, daß ein als Beweisstück beigefügter Plan oder Entwurf von einem der Genannten zu dem in dem Schriftstück näher bezeichneten Tatort oder Gegenstand angefertigt ist, und daß Plan oder Entwurf nach einem ebenfalls in dem Schriftstück bezeichneten Maßstab einwandfrei gezeichnet sind, gilt in einem Strafverfahren als Beweis für den entsprechenden Zustand des in Plan oder Entwurf Dargestellten.

2. Ein in der vorgeschriebenen Form abgefaßtes, von einem Polizisten unterzeichnetes Schriftstück, aus dem hervorgeht, daß eine darin näher bezeichnete Person dem Polizisten eine Erklärung des Inhalts abgegeben hat,

a) daß ein bestimmtes Motorfahrzeug bei einer bestimmten Gelegenheit von ihm gefahren wurde bzw. ihm gehörte; oder

b) daß ein bestimmtes Motorfahrzeug bei einer bestimmten Gelegenheit einem Unternehmen gehörte, von dem er zur Zeit jener Erklärung Teilhaber war; oder

c) daß ein bestimmtes Motorfahrzeug bei einer bestimmten Gelegenheit einer Körperschaft gehörte, von der er zur Zeit jener Erklärung Direktor, Beamter oder Angestellter war,

ist in einem Verfahren wegen eines Vergehens nach den Gesetzen über den Straßenverkehr von 1930 und 1947 (Road Traffic Acts, 1930 to 1947) oder nach einer anderen gesetzlichen Bestimmung über die Benutzung von Fahrzeugen auf Straßen als Beweismittel für die Entscheidung darüber zugelassen, von wem das Fahrzeug bei jener Gelegenheit gefahren wurde oder wem es gehörte.

3. Die von jemandem abgegebene eidesstattliche Versicherung,

a) er habe Güter oder ein Postpaket abgesandt oder empfangen bzw. abgesandtes Gut nicht empfangen bzw. es hätten solche Güter oder Pakete bei Absendung oder Empfang nicht die angegebene Beschaffenheit gehabt oder

b) ein Fahrzeug, Schiff oder Flugzeug habe zu irgendeinem Zeitpunkt für die vertragliche Beförderung von Postpaketen im Dienste der Post gestanden,

ist in einem Verfahren als Beweismittel für die in der Versicherung wiedergegebenen Tatsachen zugelassen, wenn das Verfahren auf einem Vergehen beruht, das im Diebstahl oder Hehlen von Gütern besteht, die sich im Besitz der Britischen Transportkommission oder einer auf Grund des Transportgesetzes von 1947 (Transport Act, 1947) errichteten Zentralstelle (mit Ausnahme des Hotelausschusses) befinden, bzw. auf einem Vergehen nach den §§ 12, 18 oder 33, Absatz 2 des Gesetzes über den Diebstahl von 1916 (Larcency Act, 1916) oder den § 50—56 des Postgesetzes von 1908 (Post Office Act, 1908).

4. Ein amtliches Schriftstück oder eine eidesstattliche Versicherung ist durch die Vorschriften dieses Paragraphen in einem Strafverfahren nur dann und nur in dem Umfange als Beweismittel zugelassen, in dem zu demselben Zweck in einem solchen Verfahren mündlicher Beweis zulässig gewesen wäre.

5. Ein amtliches Schriftstück oder eine eidesstattliche Versicherung ist durch die Vorschriften dieses Paragraphen in einem Strafverfahren nur dann als Beweismittel zugelassen,

a) wenn eine Ausfertigung davon mindestens 7 Tage vor der Verhandlung oder dem Verfahren in der vorgeschriebenen Weise dem Beschuldigten zugestellt ist, wobei

b) diese Wirkung entfällt, wenn der Beschuldigte dem Anklagevertreter bis spätestens drei Tage vor der Verhandlung oder dem Verfahren oder auch innerhalb einer möglicherweise vom Gericht mit Rücksicht auf besondere Umstände zugelassenen weiteren Frist in der vorgeschriebenen Form und Weise eine Benachrichtigung zustellt, in der die Anwesenheit dessen, der das Schriftstück unterzeichnet hat, bzw. des Urhebers der eidesstattlichen Versicherung verlangt wird.

6. Der Ausdruck „vorgeschrieben" in diesem Paragraphen bedeutet vorgeschrieben durch Verordnungen des Innenministers.

§ 42. Reihenfolge bei mündlichem Vortrag

1. Ungeachtet entgegenstehender Vorschriften in § 2 des Strafprozeßgesetzes von 1865 (Criminal Procedure Act, 1865) in der abgeänderten Fassung des § 3 des Gesetzes über die Beweisführung in Strafsachen von 1898 (Criminal Evidence Act, 1898) steht der Anklagebehörde im ordentlichen Verfahren nicht das Recht der Replik lediglich aus dem Grunde zu, weil der Verteidigung Einblick in das Prozeßmaterial gewährt wurde.

2. Ungeachtet entgegenstehender Vorschriften in § 2 des Gesetzes über die Beweisführung in Strafsachen von 1898 oder § 14 des Gesetzes über das summarische Verfahren von 1848 darf im summarischem Verfahren der Beschuldigte oder sein Rechtsvertreter nach seinerWahl nach der abschließenden Behandlung des Falles durch den Anklagevertreter oder am Schluß der Beweisaufnahme das Wort ergreifen. Treten zu der Zeugenaussage des Beschuldigten selbst mündliche Aussagen von Entlastungszeugen, so kann das Gericht dem Beschuldigten oder seinem Rechtsvertreter sowohl nach der abschließenden Behandlung des Falles durch den Anklagevertreter wie am Schluß der Beweisaufnahme das Wort erteilen. In diesem Falle hat der Anklagevertreter das Recht der Replik.

3. Die Vorschriften des vorhergehenden Absatzes finden im Untersuchungsverfahren keine Anwendung.

§ 43. Berichte von Bewährungsbeamten

Erstattet ein Bewährungsbeamter einem Gericht (ausgenommen den Fall eines Jugendgerichts) Bericht mit dem Ziel, es bei der Entscheidung über die geeignetste Behandlungsweise eines Straffälligen zu unterstützen, so soll das Gericht dem Täter oder seinem Rechtsvertreter eine Ausfertigung des Berichts aushändigen. Ist der Täter jedoch unter 17 Jahre alt und ist er nicht durch einen Anwalt vertreten, so bedarf es einer Aushändigung des Berichts an ihn nicht. Dafür soll ihn sein etwa vor Gericht anwesender Vater oder Vormund erhalten.

§ 44. Zahlung von Kosten der Verteidigung bei Freispruch usw.

1. Ist in einem der in § 1 des Gesetzes über Kosten in Strafsachen von 1908 erwähnten Verfahren der Angeklagte nach § 25 des Gesetzes über klagbare Straftaten von 1848 freigesprochen oder entlastet oder ist die Anklage fallengelassen worden, so kann das Gericht, wenn es dies für angebracht hält, in Anlehnung an die Bestimmungen jenes Gesetzes die Zahlung derjenigen Beträge aus örtlichen Mitteln anordnen, die nach vernünftigen Grundsätzen ausreichen, um dem Angeklagten die Ausgaben zu ersetzen, die ihm bei der Durchführung seiner Verteidigung tatsächlich entstanden sind.

2. Ist gegen eine Verurteilung Berufung an den Appellationsgerichtshof zulässig, so kann unbeschadet der Vorschriften in § 13 Absatz 2 des Gesetzes über die Berufung in Strafsachen von 1907 das Gericht, wenn es dies für angebracht hält, in Anlehnung an die Bestimmungen des Gesetzes über Kosten in Strafsachen von 1908 die Zahlung derjenigen Beträge aus örtlichen Mitteln anordnen, die nach vernünftigen Grundsätzen ausreichen, um dem Berufungskläger die Ausgaben zu ersetzen, die ihm bei der Verfolgung seiner Berufung (einschließlich vorhergehender oder nebenherlaufender Verfahren) bzw. der Durchführung seiner Verteidigung tatsächlich entstanden sind.

3. Ist eine Berufung an das Oberhaus nach § 1 Absatz 6 des Gesetzes über Berufung in Strafsachen von 1907 zugunsten des Angeklagten entschieden, so kann das Oberhaus, wenn es dies für angebracht hält, in Anlehnung an die Bestimmungen des Gesetzes über Kosten in Strafsachen von 1908 die Zahlung derjenigen Beträge aus örtlichen Mitteln anordnen, die nach vernünftigen Grundsätzen ausreichen, um dem Angeklagten die Ausgaben zu ersetzen, die ihm aus Anlaß seiner Berufung an das Oberhaus oder bei der Verfolgung seiner Berufung vor dem Appellationsgerichtshof bzw. bei der Durchführung seiner Verteidigung tatsächlich entstanden sind.

4. Soweit es sich um das Verfahren vor einem Quartalsgericht handelt, gilt die Bezugnahme auf die Durchführung der Verteidigung in dem vorliegenden Paragraphen auch für die Verteidigung des Angeklagten vor jenem Gericht, vor dem Untersuchungsrichter, der ihn zur Aburteilung überwiesen hat, und vor jedem anderen Quartalsgericht, das mit Rücksicht auf die Straftat, deretwegen er überwiesen worden ist, ein Verfahren eingeleitet hat, ohne es jedoch zum Abschluß zu bringen.

5. Die Höhe der nach Absatz 1 oder 2 dieses Paragraphen zu zahlenden Kosten ist sobald wie möglich durch den zuständigen Beamten des Gerichts, das die Zahlung angeordnet hat, zu ermitteln. Stammt die Anordnung von dem Appellationsgerichtshof, so soll dieser Beamte dem Empfänger oder sonst jemandem, der nach seinen Feststellungen in dessen Namen auftritt, eine auf Zahlung des entsprechenden Betrages lautende Anweisung an den Schatzmeister der Grafschaft oder Stadt aushändigen, aus deren Mitteln die Kosten nach dem Gesetz über Kosten in Strafsachen (Costs in Criminal Cases Act) von 1908 zu zahlen sind.

6. Die Höhe der nach Absatz 3 dieses Paragraphen zu zahlenden Kosten ist von dem oder den Beamten und nach den Grundsätzen zu ermitteln, die in der entsprechenden Anordnung des Oberhauses bestimmt sind. In gleicher Weise kann mit der Anweisung an den Schatzmeister der für die Zahlung des derart ermittelten Betrages in Betracht kommenden Grafschaft oder Stadt verfahren werden.

7. Dieser Paragraph ist als Bestandteil des Gesetzes über Kosten in Strafsachen von 1908 anzusehen. Nennt eine gesetzliche Bestimmung Kosten, die nach jenem Gesetz zu zahlen sind, so gilt dies zugleich als Bezugnahme auf Kosten, die auf Grund der Bestimmungen dieses Paragraphen zu zahlen sind.

Teil II

Verwaltungsvorschriften

Vorschriften über die Behandlung von Gefangenen usw.

§ 45. Bewährungsbezirke, Bewährungskomitees und Komitees für Rechtsfälle sowie Bewährungsbeamte

1. Die Vorschriften in Anhang V des vorliegenden Gesetzes gelten für

a) die Errichtung von Bewährungsbezirken, von Bewährungsausschüssen für diese Bezirke und von Ausschüssen für die Bearbeitung von Rechtsfällen bei den kleinen Friedensgerichten;

b) die Aufgaben von Bewährungsausschüssen und Ausschüssen für die Bearbeitung von Rechtsfällen;

c) die Ernennung, Aufgaben, Bezüge und sonstigen Dienstverhältnisse von Bewährungsbeamten.

2. Im Sinne dieses Paragraphen sowie der auf Bewährung bezüglichen Vorschriften in Teil I des vorliegenden Gesetzes gilt jeder der nachstehend genannten Plätze als Bezirk eines kleinen Friedensgerichts:

a) die City von London;

b) ein Abschnitt des hauptstädtischen Polizeigerichtsbezirks;

c) jeder Bezirk, der ohne ein Friedensgericht zu sein, in diesem Zusammenhang nach Ernennung eines besoldeten Friedensrichters oder Errichtung eines sonstigen eigenen Gerichts mit summarischem Verfahren durch Anordnung des Innenministers zu einem Friedensgerichtsbezirk erklärt worden ist.

3. Eine vom Innenminister nach Ziffer c) des vorhergehenden Absatzes erlassene Anordnung kann bestimmen, daß bei Anwendung auf den jeweils von ihr in Bezug genommenen Bezirk Anhang V des vorliegenden Gesetzes nur mit den von ihr näher bezeichneten Anpassungen und Abänderungen gilt. Sie kann ferner die von dem Innenminister als zweckmäßig angesehenen Ausführungs- und Ergänzungsvorschriften enthalten.

§ 46. Anerkannte Bewährungsherbergen und -heime

1. Der Innenminister kann bestimmte Gebäude zur Aufnahme von solchen Personen zulassen, die durch eine Bewährungs- oder Aufsichtsanordnung angewiesen sind, sich dort aufzuhalten. Solche Gebäude sollen die Bezeichnung tragen

a) wenn die dort Untergebrachten außerhalb beschäftigt sind oder eine solche Beschäftigung erwarten: „Anerkannte Bewährungsherbergen" (probation hostel);

b) in allen anderen Fällen: „Anerkannte Bewährungsheime" (probation home).

2. Der Innenminister kann Vorschriften für die Ordnung, Leitung und Beaufsichtigung von anerkannten Bewährungsherbergen und -heimen erlassen. Solche Vorschriften können im besonderen bestimmen, daß nur dann jemand für eine leitende Tätigkeit an einer anerkannten Bewährungsherberge oder einem Bewährungsheim ernannt werden soll, wenn der Innenminister seiner Ernennung zugestimmt hat.

§ 47. Beaufsichtigung von Anstalten für den Aufenthalt Bewährungspflichtiger

1. Eine Anstalt, die zwar keine anerkannte Bewährungsherberge oder kein anerkanntes Bewährungsheim ist, in der aber jemand durch eine Bewährungs- oder Aufsichtsanordnung zu einem anderen Zweck als dem, sich wegen seines Geisteszustandes einer Behandlung zu unterziehen, als ständiger Insasse oder Patient auf eigenen Wunsch angewiesen worden ist, Aufenthalt zu nehmen, untersteht, solange der Betreffende sich dort befindet, der Aufsicht des Innenministers, es sei denn, daß sie als Ganzes durch eine andere Regierungsstelle beaufsichtigt wird.

2. Wer im Auftrage des Innenministers die Aufsicht über eine derartige Anstalt wahrnimmt, hat die Befugnis, die Anstalt zu betreten und jede Art Untersuchung über die Behandlung ihrer Insassen anzustellen, die er für zweckmäßig hält. Wer ihm bei der Wahrnehmung dieser Befugnisse Widerstand leistet, wird im summarischen Verfahren zu einer Geldstrafe, die fünf Pfund nicht überteigen darf, verurteilt.

Anstalten für Rechtsbrecher

§ 48. Anstalten für Zurückgestellte (remand centres), Haftanstalten (detention centres) Borstalanstalten (Borstal institutions), Beaufsichtigungsheime (attendance centres)

1. Der Innenminister kann einrichten:

a) Anstalten für Zurückgestellte, d. h. Plätze zur Unterbringung von Personen, die mindestens das 14., jedoch noch nicht das 21. Lebensjahr erreicht haben und zum Zwecke der Verhandlung oder Aburteilung zurückgestellt oder in Haft genommen sind;

b) Haftanstalten, d. h. Plätze, an denen Personen, die mindestens das 14., jedoch noch nicht das 21. Lebensjahr erreicht haben und deren Unterbringung in einer derartigen Anstalt nach dem vorliegenden Gesetz angeordnet ist, für kurze Zeitabschnitte einer ihrem Alter und ihrer Art entsprechenden Erziehung unterworfen werden können;

c) Borstalanstalten, d. h. Plätze, an denen Rechtsbrecher zwischen 16 und 21 Jahren untergebracht und einer Erziehung und Schulung unterworfen werden können, wie sie ihrer Besserung und der Verhinderung künftiger Verbrechen dienlich sind.

2. Der Innenminister kann Beaufsichtigungsheime einrichten, d. h. Plätze, an denen Rechtsbrechern zwischen 12 und 21 Jahren auf Grund von Anordnungen nach § 19 des vorliegenden Gesetzes auferlegt werden

kann, sich zu Zeiten und Gelegenheiten aufzuhalten, die so gewählt sind, daß ein Zusamentreffen mit ihren Schul- und Arbeitsstunden nach Möglichkeit vermieden wird. Sie sollen dort unter Aufsicht geeignete Beschäftigung oder Ausbildung erhalten. Der Innenminister kann zu diesem Zweck mit örtlichen Behörden oder den Organen der Polizei Vereinbarungen über die Benutzung ihrer Gebäude treffen.

3. Der Innenminister soll in Anstalten für Zurückgestellte Voraussetzungen dafür schaffen, daß die darin Untergebrachten beobachtet werden können, wenn über ihren körperlichen oder geistigen Zustand ein ärztlicher Bericht zur Unterstützung des Gerichts bei der Entscheidung über die geeignetste Behandlungsweise des einzelnen Falles als erwünscht bezeichnet wird.

4. Ist jemand, der das 17. Lebensjahr noch nicht erreicht hat, nach dem vorliegenden Gesetz einer Anstalt für Zurückgestellte zugewiesen oder ist angeordnet, daß er dort untergebracht wird, um einen ärztlichen Bericht über seinen körperlichen oder geistigen Zustand zu erhalten, so soll der Grafschafts- oder Stadtrat, der für seinen Unterhalt verantwortlich wäre, wenn er in einem Heim für Zurückgestellte untergebracht würde, dem Innenminister in einer von diesem mit Zustimmung des Schatzamtes zu bestimmenden Weise für den Unterhalt des Betreffenden Beiträge zahlen, deren Höhe ebenfalls der Innenminister mit Zustimmung des Schatzamtes festlegt.

5. Die Gefängnisgesetze von 1865 und 1898 finden in derselben Weise wie auf Gefängnisse und Gefangene auch auf Anstalten für Zurückgestellte, Haftanstalten und Borstalanstalten sowie darin untergebrachte Personen Anwendung, soweit nicht vom Innenminister erlassene Anordnungen Anpassungen und Abänderungen vornehmen.

6. Die Übernahme eines Gefängnisses, das nach dem Gefängnisgesetz von 1877 (Prison Act, 1877) in den Verfügungsbereich des Beauftragten für das Gefängniswesen übergegangen ist, zur Benutzung als Anstalt für Zurückgestellte, Haftanstalt oder Borstalanstalt bedeutet für seine Eigenschaft als Gefängnis keine Unterbrechung im Sinne der §§ 33 und 34 jenes Gesetzes.

7. § 6 des Gesetzes zur Verhinderung von Verbrechen von 1871 und § 8 des Zuchthausgesetzes von 1891 (die sich auf das Registrieren, Messen und Photographieren von Gefangenen beziehen) gelten, als wenn die in ihnen enthaltenen Bezugnahmen auf Gefängnisse und Gefangene zugleich Bezugnahmen auf Anstalten für Zurückgestellte, Haftanstalten und Borstalanstalten sowie darin untergebrachte Personen wären.

§ 49. Heime für Zurückgestellte

1. Von einem Zeitpunkt an, der in einer durch Gesetzesdekret von dem Innenminister zu erlassenden Anordnung näher bezeichnet ist, darf kein Gebäude als Heim für Zurückgestellte benutzt werden, ehe nicht eine Zulassungsbescheinigung des Innenministers vorliegt.

2. Der Innenminister kann auf Grund des vorliegenden Gesetzes Vorschriften erlassen, nach denen mit den von ihm für erforderlich

gehaltenen Anpassungen und Abänderungen die §§ 79 und 106 Absatz 3 des Gesetzes über Kinder und Jugendliche von 1933 (die sich auf die Anerkennung von Schulen im Sinne jenes Gesetzes und den Beweis solcher Anerkennung beziehen) auf Heime für Zurückgestellte Anwendung finden.

3. Nach Inkrafttreten des vorliegenden Gesetzes darf niemand zu einer leitenden Tätigkeit in einem von einem Grafschafts- oder Stadtrat errichteten Heim für Zurückgestellte berufen werden, wenn nicht die Ernennung durch den Innenminister genehmigt ist.

4. Grafschafts- und Stadträte können in Heimen für Zurückgestellte, die für ihre Bezirke vorgesehen sind, Voraussetzungen dafür schaffen, daß die darin Untergebrachten beobachtet werden können, wenn über ihren körperlichen oder geistigen Zustand ein ärztlicher Bericht zur Unterstützung des Gerichts bei der Entscheidung über die geeignetste Behandlungsweise des einzelnen Falles als erwünscht bezeichnet wird. Sollten Möglichkeiten für eine solche Beobachtung an einer anderen Anstalt oder Stätte vorhanden sein, so können sie Vorkehrungen für die Inanspruchnahme dieser Möglichkeiten treffen.

5. § 6 Absatz 2 und 3 des Gesetzes über Kinder und Jugendliche von 1933 (in denen die Überführung von Personen, die während der Dauer ihrer Unterbringung in einem Heim für Zurückgestellte ärztlicher Behandlung bedürftig befunden werden, an einen Verwahrungsort sowie Nachricht darüber an den für die Geschäftsführung verantwortlichen Gerichtsbeamten des Gerichts vorgeschrieben ist, das die Unterbringung angeordnet hat) finden entsprechende Anwendung auf eine derjenigen des besagten Absatzes 2 gleichgeartete Überführung aus einem Heim für Zurückgestellte in eine Anstalt oder Stätte, an der auf Grund von Vorkehrungen, wie sie nach dem vorhergehenden Absatz getroffen sind, die Voraussetzungen für die Herbeiführung eines Berichts der dort erwähnten Art vorliegen.

6. Kosten, die einem Grafschafts- oder Stadtrat dadurch entstehen, daß er Maßnahmen im Sinne von Absatz 4 dieses Paragraphen zur Durchführung bringt, sowie Beiträge, die von einem solchen Rat nach Absatz 4 des vorhergehenden Paragraphen gezahlt worden sind, gelten im Sinne eines Zuschusses nach § 104 des Gesetzes über Kinder und Jugendliche von 1933 als Ausgaben des Rates für Heime für Zurückgestellte.

§ 50. Erwerb von Grund und Boden für Gefängnisse und andere Anstalten

1. Der Beauftragte für das Gefängniswesen kann mit Zustimmung des Innenministers auf dem Vereinbarungswege bzw. bei Vorliegen einer Ermächtigung des Innenministers auch im Wege der Enteignung Land erwerben, das für die Veränderung, Vergrößerung oder den Wiederaufbau eines Gefängnisses oder einer anderen Anstalt, auf die die Gefängnisgesetze von 1865 und 1898 Anwendung finden, oder für

den Bau eines neuen Gefängnisses bzw. einer neuen Anstalt der genannten Art oder aber für einen sonstigen Zweck benötigt wird, der mit der Verwaltung eines solchen Gefängnisses oder einer solchen Anstalt in Zusammenhang steht (einschließlich der Schaffung von Wohnraum für Beamte oder sonstwie dort beschäftigte Personen).

2. Das Gesetz über das Ermächtigungsverfahren bei Landerwerb von 1946 (The Acquisition of Land [Authorisation Procedure] Act, 1946) findet auf den Erwerb von Land im Enteignungswege durch den Beauftragten für das Gefängniswesen nach diesem Paragraphen Anwendung und gilt für diesen Zweck, als wäre der Beauftragte für das Gefängniswesen eine örtliche Behörde, das vorliegende Gesetz unmittelbar vor dem Erlaß jenes Gesetzes in Kraft getreten und in Bezugnahmen jenes Gesetzes auf einen Minister der Innenminister einbegriffen. § 2 des besagten Gesetzes (der in dringenden Fällen zeitlich begrenzte Befugnisse zu beschleunigtem Landerwerb überträgt) findet jedoch auf den Landerwerb im Enteignungswege nach diesem Paragraphen keine Anwendung.

3. Soweit es sich um den Erwerb von Land auf dem Vereinbarungswege nach diesem Paragraphen handelt, sind die Landklauseln-Gesetze Bestandteile von ihm. Er selbst gilt in diesem Zusammenhang als Spezialgesetz, und Bezugnahmen auf die Gründer des Unternehmens sind auszulegen als Bezugnahmen auf den Beauftragten für das Gefängniswesen. Dies gilt nicht für die Bestimmungen der Landklauseln-Gesetze, die sich auf Landerwerb außerhalb des Vereinbarungsweges beziehen, sowie für diejenigen Vorschriften, die sich auf Einblick (access) in das Spezialgesetz beziehen, und weiterhin nicht für die §§ 127 bis 132 des Landklauseln-Vereinheitlichungsgesetzes von 1845 (Lands Clauses Consolidation Act, 1845).

§ 51. Aufhebung des Amtes eines Direktors der Zuchthäuser Anwendung der Gefängnisgesetze

1. Das Amt eines Direktors der Zuchthäuser (Directors of convict prisons) wird hiermit aufgehoben. Die Gefängnisgesetze (Prison Acts) von 1865 und 1898 finden vorbehaltlich etwaiger Anpassungen und Abänderungen auf Grund von Vorschriften des Innenministers auf Gefängnisse, die bei Inkrafttreten des vorliegenden Gesetzes auf dem Wege über das genannte Amt der Aufsicht der Beauftragten für das Gefängniswesen (Prison Commissioners) unterstanden, in gleicher Weise wie auf andere Gefängnisse Anwendung. Alles Eigentum und alle Rechte, die dem Beauftragten für das Gefängniswesen als Inhaber des genannten Amtes ursprünglich zustanden, und alle Verbindlichkeiten, die sie in gleicher Eigenschaft eingegangen waren, werden so angesehen, als seien sie ihnen für die Durchführung seiner Aufgaben allgemein zugeflossen bzw. zu diesem Zweck von ihnen übernommen.

§ 52. Vorschriften über die Verwaltung von Gefängnissen, Anstalten für Zurückgestellte, Haftanstalten, Beaufsichtigungsheimen und Borstalanstalten

1. Der Innenminister kann Vorschriften für die Ordnung und Verwaltung von Gefängnissen, Anstalten für Zurückgestellte, Haftanstalten, Beaufsichtigungsheimen und Borstalanstalten sowie für die Einstufung, Behandlung, Erziehung und Überwachung solcher Personen erlassen, die dort unterzubringen sind.

2. Vorschriften, die nach diesem Paragraphen erlassen sind, sollen Maßnahmen vorsehen, durch die sichergestellt wird, daß jemandem, der eines Verstoßes gegen diese Vorschriften beschuldigt ist, ausreichend Gelegenheit gegeben wird, seinen Fall vorzutragen.

3. Vorschriften, die nach diesem Paragraphen erlassen sind, können Bestimmungen über die Erziehung besonderer Klassen von Personen und ihre dementsprechende Einweisung in ein Gefängnis oder eine andere Anstalt treffen, in der sie nach dem Gesetz untergebracht werden können.

4. Vorschriften, die nach diesem Paragraphen erlassen sind, sollen Bestimmungen über die besondere Behandlung folgender Personen während der Zeit ihres jeweiligen Gefängnisaufenthalts treffen:

a) derjenigen, die eine auf Sicherungsverwahrung lautende Strafe verbüßen;

b) derjenigen, die eine Strafe wegen Aufruhrs, aufwieglerischer Verschwörung oder aufwieglerischer Verleumdung verbüßen;

c) eines Berufungsklägers im Sinne des Gesetzes über Berufung in Strafsachen von 1907 während der Entscheidung über seine Berufung;

d) jedes anderen, der in einem Gefängnis untergebracht ist, dort aber keine Strafe verbüßt oder nicht wegen Verzuges bei der Zahlung einer Geldstrafe einsitzt, die ihm bei seiner Verurteilung auferlegt wurde.

§ 53. Einrichtung und Aufgaben von Besuchsausschüssen (visiting committees) und Besucherkollegien (boards of visitors)

1. Vorschriften, die nach dem vorhergehenden Paragraphen erlassen sind, sollen Bestimmungen treffen über die Einrichtung von Besuchsausschüssen für solche Gefängnisse, in die jemand unmittelbar durch ein Gericht eingewiesen werden kann. Diese Ausschüsse sollen aus Friedensrichtern bestehen, deren Ernennung nach näherer Anweisung des Innenministers von Quartalsgerichten für Grafschaften und von Polizeigerichten für Städte vorgenommen wird. Zeitpunkt, Verfahren und Zeitdauer einer solchen Ernennung sind in den obengenannten Vorschriften festzulegen.

2. Der Innenminister soll für jedes Gefängnis, das nicht unter Absatz 1 dieses Paragraphen fällt, sowie für jede Anstalt für Zurückgestellte, Haftanstalt und Borstalanstalt ein Besucherkollegium ernennen, von dessen Mitgliedern mindestens zwei das Amt eines Friedensrichters bekleiden sollen.

3. Vorschriften der oben erwähnten Art sollen die Aufgaben von Besuchsausschüssen und Besucherkollegien regeln und sollen von deren Mitgliedern u. a. fordern, daß sie das in Frage kommende Gefängnis, die Anstalt für Zurückgestellte, Haftanstalt oder Borstalanstalt häufig besuchen, sich etwaige Beschwerden ihrer Insassen anhören und dem Innenminister über alle Tatsachen berichten, deren Weitergabe ihnen angebracht erscheint. Jedes Mitglied eines Besuchsausschusses oder Besucherkollegiums darf zu jeder Zeit das Gefängnis, die Anstalt für Zurückgestellte, Haftanstalt oder Borstalanstalt betreten und hat zu jedem ihrer Teile und zu jedem ihrer Insassen freien Zutritt.

4. Vorschriften der oben erwähnten Art können anordnen, daß das für ein Gefängnis oder eine Borstalanstalt ernannte Besucherkollegium laufend den Charakter, die Führung und das wahrscheinliche spätere Verhalten eines jeden Insassen, der zu Zwangserziehung, Sicherungsverwahrung oder Borstalerziehung verurteilt ist, überprüft und dem Beauftragten für das Gefängniswesen darüber berichtet, ob es ratsam ist, den Betreffenden mit Erlaubnisschein oder unter Aufsicht zu entlassen.

§ 54. Körperstrafen in Gefängnissen

1. Körperstrafen dürfen mit Ausnahme der in diesem Paragraphen vorgesehenen Fälle in einem Gefängnis oder einer Anstalt, für die Vorschriften nach § 52 des vorliegenden Gesetzes erlassen werden können, nicht verhängt werden.

2. Die genannten Vorschriften können die Ermächtigung erteilen, für Meuterei, Anstiftung zur Meuterei oder grobe persönliche Gewaltanwendung gegen einen Gefängnisbeamten Körperstrafen zu verhängen, soweit diese Vergehen von einem männlichen Insassen begangen werden, der eine auf Gefängnis, Zwangserziehung oder Sicherungsverwahrung lautende Strafe verbüßt.

3. Die genannten Vorschriften sollen nur für den Fall eine solche Ermächtigung erteilen, daß eine entsprechende Anweisung entweder des Besuchsausschusses oder des Besucherkollegiums ergeht. Dies soll auf einer Sitzung geschehen, an der bis zu fünf, aber nicht weniger als drei Mitglieder teilgenommen haben. Mindestens zwei der Mitglieder müssen Friedensrichter sein. Die Anweisung darf nur nach einer Untersuchung ergehen, deren Beweiserhebungen auf eidlicher Grundlage beruhen. Wenn der Innenminister es in einem besonderen Fall für angebracht hält, kann er jedoch anordnen, daß die nach dem Vorhergesagten von dem Besuchsausschuß oder dem Besucherkollegium auszuübenden Befugnisse von einem zu diesem Zweck ernannten Polizeirichter der Hauptstadt oder von einem besoldeten Friedensrichter übernommen werden.

4. Die Strafe, die nach einer unter den angegebenen Voraussetzungen ergangenen Anweisung verhängt werden kann, soll betragen:

a) wenn es sich nach den Feststellungen des Besuchsausschusses, Besucherkollegiums oder Friedensrichters um einen über einundzwanzigjährigen Täter handelt, nicht mehr als achtzehn Schläge mit der neunschwänzigen Katze oder der Birkenrute;

b) wenn der Betreffende nach diesen Feststellungen in geringerem Alter steht, nicht mehr als zwölf Schläge mit der Birkenrute.

Sobald Körperstrafe verhängt ist, darf keine weitere Strafe in Form von Zellenhaft oder Kostentzug ausgesprochen werden.

5. Ergeht auf Grund dieses Paragraphen eine Anweisung, nach der Körperstrafe verhängt werden kann, so ist dem Innenminister unverzüglich eine Ausfertigung der Beweisniederschriften von der Untersuchung, eine Ausfertigung der Anweisung und eine Aufstellung der Gründe, die zu ihrem Erlaß geführt haben, zuzuleiten. Die Anweisung tritt erst nach der Bestätigung durch den Innenminister, beziehungsweise wenn dieser sie nur mit Abänderungen bestätigt, erst dann in Kraft, wenn die Übereinstimmung mit der abgeänderten Fassung hergestellt ist.

6. Die Weigerung des Innenministers, eine Anweisung der oben bezeichneten Art zu bestätigen, schließt die Befugnis nicht aus, wegen der strafbaren Handlung, auf Grund deren die Anweisung ergangen war, eine andere Strafe zu verhängen.

7. Der Beauftragte für das Gefängniswesen soll seinen Jahresbericht mit Einzelangaben über den Inhalt und die Gründe jedes Falles einer Anweisung versehen, durch die eine Körperstrafe verhängt worden ist.

§ 55. Berichtigung des Gefängnisgesetzes von 1865 in der Frage des Mitbringens von verbotenen Gegenständen

Im Sinne der §§ 37 bis 39 des Gefängnisgesetzes (Prison Act) von 1865 (die sich auf die Beförderung verbotener Gegenstände in Gefängnisse hinein und aus diesen heraus beziehen) wird der Fall, daß jemand einen Gegenstand außerhalb des Gefängnisses an einen Häftling sendet oder daß er ihn an einer Stelle außerhalb des Gefängnisses mit der Absicht hinterlegt, ihn in den Besitz eines Häftlings gelangen zu lassen, demjenigen gleichgestellt, daß er den Gegenstand in das Gefängnis sendet oder mitnimmt.

Erlaß wegen guter Führung und Entlassung mit Erlaubnisschein

§ 56. Erlaß wegen guter Führung und Entlassung mit Erlaubnisschein bei jungen Häftlingen

1. Vorschriften, die nach § 52 des vorliegenden Gesetzes erlassen sind, können anordnen, daß unter von ihnen selbst bestimmten Umständen jemandem, der eine Gefängnisstrafe verbüßt oder in eine Haftanstalt eingewiesen ist, für eine in der Anordnung vorgeschriebene Zeit

mit Rücksicht auf seinen Fleiß und seine gute Führung ein Teil seiner Strafe oder Haftzeit erlassen wird. Mit der Entlassung des Betreffenden aus dem Gefängnis oder der Haftanstalt als Folge eines solchen Erlasses erlischt seine Strafe bzw. Haftzeit.

2. Wenn dem Beauftragten für das Gefängniswesen bekannt wird, daß jemand, der eine Gefängnisstrafe verbüßt, bei Beginn seiner Strafe noch nicht 21 Jahre alt war, so kann er Anweisung geben, daß der Betreffende nicht nach diesen Vorschriften Straferlaß erhält, sondern daß er nach den Vorschriften in Anhang 6 des vorliegenden Gesetzes zu irgendeinem Zeitpunkt an oder nach dem Tage, an dem er bei Gewährung von Straferlaß entlassen worden wäre, mit Erlaubnisschein entlassen wird.

3. Im Sinne dieses Paragraphen ist jemand, der wegen Verzuges bei der Zahlung einer Geldstrafe, die ihm durch Urteil auferlegt ist, in ein Gefängnis eingewiesen ist, so zu behandeln, als verbüße er für die Dauer der Zeit, während der er sich im Gefängnis befindet, eine Gefängnisstrafe. Mehrere aufeinanderfolgende Gefängnisabschnitte sind als eine einzige Gefängniszeit zu behandeln.

§ 57. Entlassung mit Erlaubnisschein bei lebenslänglich zu Gefängnis Verurteilten

1. Der Innenminister kann, wenn er es für angebracht hält, jederzeit jemanden, der eine lebenslängliche Gefängnisstrafe verbüßt, unter Bedingungen, die in dem Schein näher angeführt sind, mit Erlaubnisschein entlassen. Die genannten Bedingungen kann er jederzeit abändern oder aufheben.

2. Der Innenminister kann einen mit Erlaubnisschein Entlassenen jederzeit durch Anordnung wieder ins Gefängnis einweisen, unbeschadet seiner Befugnis, ihn ein zweites Mal mit Erlaubnisschein zu entlassen. Ist jemand auf diese Weise wieder ins Gefängnis eingewiesen, so verliert der Erlaubnisschein seine Gültigkeit. Befindet sich der Betreffende in Freiheit, so gilt er als widerrechtlich frei.

Umzug und Überführung nach und von Gefängnissen und anderen Anstalten

§ 58. Vorübergehende Festsetzung von solchen Personen, die ihre Haft in einer Borstalanstalt zu verbüßen haben

Wer in eine Borstalanstalt verbracht werden soll, kann, bis die erforderlichen Vorkehrungen für seine Aufnahme getroffen sind, vorübergehend an anderer Stelle festgesetzt werden. Die Zeit, während der er in dieser Weise festgesetzt ist, zählt als Teil der Zeit, für die er nach dem vorliegenden Gesetz in einer Borstalanstalt unterzubringen ist.

§ 59. Überführung vom Gefängnis in eine Borstalanstalt und umgekehrt

1. Wird dem Innenminister bekannt, daß jemand, der eine Gefängnisstrafe verbüßt, unter 21 Jahre alt ist und mit Aussicht auf Erfolg in einer Borstalanstalt untergebracht werden könnte, so kann er nach Beratung mit dem Richter oder amtierenden Vorsitzenden des Gerichts, das das Urteil fällte, den Beauftragten für das Gefängniswesen ermächtigen, den Betreffenden in eine Borstalanstalt zu überführen. Die Vorschriften in Anhang 2 des vorliegenden Gesetzes gelten dann für diesen, als wenn er am Tage der Überführung zu Borstalerziehung verurteilt worden wäre. Wenn jedoch zu diesem Zeitpunkt die Dauer des nicht abgelaufenen Teils seiner Strafe weniger als drei Jahre beträgt, gelten jene Vorschriften, als wenn er drei Jahre vor Ablauf dieser Strafdauer zu Borstalerziehung verurteilt worden wäre.

2. Wird jemand, der in einer Borstalanstalt untergebracht ist, in einem Bericht des Besucherkollegiums an den Innenminister als unverbesserlich bezeichnet oder übt er nach diesem Bericht einen schlechten Einfluß auf die anderen Insassen der Anstalt aus, so kann der Innenminister den nicht abgelaufenen Teil der Zeit, für die der Betreffende noch in einer Borstalanstalt festzuhalten wäre, in eine nach seinem Ermessen zu bestimmende, diesen nichtabgelaufenen Teil jedoch nicht übersteigende Gefängnisstrafe umwandeln. Im Sinne des vorliegenden Gesetzes ist der Betreffende zu behandeln, als wäre er für diesen Zeitabschnitt mit Gefängnis bestraft worden.

§ 60. Überführung von Gefangenen u. a. für richterliche und sonstige Zwecke

1. In Vorschriften, die nach § 52 des vorliegenden Gesetzes erlassen sind, kann bestimmt werden, in welcher Weise ein in Haft befindlicher Berufungskläger im Sinne des Gesetzes über Berufung in Strafsachen von 1907 an einen Platz, an dem er sich für die Zwecke jenes Gesetzes aufhalten darf, zu verbringen, dort in Haft zu halten und wieder zurückzubringen ist. Das gleiche gilt von einem Platz, an den er auf Anforderung des Appellationsgerichtshofs oder eines seiner Richter für die Zwecke eines vor dem Gerichtshof schwebenden Verfahrens verbracht werden soll.

2. Der Innenminister kann

a) wenn ihm bekannt wird, daß die Anwesenheit eines bestimmten Insassen eines Gefängnisses, einer Anstalt für Zurückgestellte, einer Haftanstalt, einer Borstalanstalt oder eines Heimes für Zurückgestellte in England an einem bestimmten Platz in Großbritannien im Interesse der Rechtsprechung oder für die Zwecke einer öffentlichen Untersuchung erwünscht ist, Anweisung erteilen, daß der Betreffende dorthin verbracht wird;

b) wenn ihm bekannt wird, daß ein solcher Gefängnis-, Anstalts- oder Heiminsasse irgendeine Art ärztlicher oder chirurgischer Behandlung benötigt, Anweisung erteilen, daß der Betreffende in ein Krankenhaus oder an einen anderen für eine solche Behandlung geeigneten Ort verbracht wird.

Ist nach diesem Absatz Anweisung erteilt worden, jemanden an einen der genannten Orte zu verbringen, so ist der Betreffende während der Verbringung, während seines Aufenthalts an dem Ort und während des Rücktransports in das Gefängnis oder diejenige Anstalt, in der er in Übereinstimmung mit dem Gesetz unterzubringen ist, in Haft zu halten, wenn nicht der Innenminister etwas anderes bestimmt.

§ 61. Überführung von Gefangenen u. a. nach und von Schottland und von der Insel Man und den Kanalinseln

1. Der Innenminister kann auf Antrag jemanden, der eine auf Gefängnis, Zwangserziehung, Sicherungsverwahrung oder Borstalerziehung lautende Strafe verbüßt, in ein Gefängnis oder eine Borstalanstalt in Schottland überführen lassen. Wer auf diese Weise überführt ist, kann festgesetzt, entlassen, wiedereingewiesen oder es können gegen ihn sonstige Maßnahmen in gleicher Weise getroffen werden, als wenn er durch ein Gericht in Schottland verurteilt worden wäre und als wenn seine Strafe von einem schottischen Gericht hätte verhängt werden können. Jedoch soll

a) jemand, der eine auf Zwangserziehung lautende Strafe verbüßt, nur dann und nicht eher die Anweisung zu einer solchen Überführung erhalten, als bis in Schottland die gesetzliche Grundlage für den Erlaß einer auf Zwangserziehung lautenden Strafe geschaffen ist;

b) ein auf die angegebene Weise Überführter, der nach dem vorliegenden Gesetz zu Borstalerziehung verurteilt worden ist, behandelt werden, als wenn er nach dem in Schottland geltenden Recht für die Dauer von drei Jahren zu Haft in einer Borstalanstalt verurteilt worden wäre, wenn und solange nicht durch Gesetz in Schottland Übereinstimmung mit den Vorschriften des vorliegenden Gesetzes über Borstalerziehung geschaffen worden ist.

2. Wer nach dem gegenwärtig in Kraft befindlichen Recht durch ein Gericht auf der Insel Man oder den Kanalinseln zu Zuchthaus, Gefängnis, Zwangserziehung, Sicherungsverwahrung, Haft in einer Borstalanstalt, Borstalerziehung oder Haft in einer Haftanstalt verurteilt ist, kann entweder in ein Gefängnis, in eine Borstalanstalt oder in eine Haftanstalt in England überführt werden, wenn der Innenminister es anordnet.

3. Wer auf Grund einer solchen Anordnung nach England überführt oder wessen Überführung in ein Gefängnis oder eine Borstalanstalt in England nach einer sich auf Schottland erstreckenden gesetzlichen Bestimmung im Anschluß an seine Verurteilung durch ein Gericht in Schottland angeordnet worden ist, kann festgesetzt, entlassen, wiedereingewiesen oder es können gegen ihn sonstige Maßnahmen in gleicher Weise getroffen werden, als wenn er durch ein Gericht in England ver-

urteilt worden wäre und als wenn seine Strafe von einem englischen Gericht hätte verhängt werden können.

a) Verbüßte jedoch ein in dieser Weise Überführter eine Zuchthausstrafe oder stand er vor ihrer Verbüßung, so ist er zu behandeln, als wäre diese Strafe eine Gefängnisstrafe;

b) war er zu Haft in einer Borstalanstalt verurteilt, so ist er zu behandeln, als wäre er nach dem vorliegenden Gesetz zu Borstalerziehung verurteilt.

4. Wer nach diesem Paragraphen von der Insel Man oder den Kanalinseln in ein Gefängnis oder eine Borstalanstalt in England überführt ist, kann, sei es, daß er nach den Vorschriften in Anhang 2 oder 3 des vorliegenden Gesetzes oder nach dessen § 56 entlassen wird, entweder auf der Insel Man oder den Kanalinseln unter Aufsicht gestellt werden. Die genannten Vorschriften (einschließlich derjenigen in Anhang 6 des vorliegenden Gesetzes) finden dort auf ihn Anwendung. Für den Fall, daß er nach den erwähnten Vorschriften wiedereingewiesen wird, kann er, wenn er sich auf der Insel Man oder den Kanalinseln befindet, ohne Haftbefehl festgenommen und zu dem Zweck seiner Einlieferung entweder in ein Gefängnis oder eine Borstalanstalt nach England überführt werden.

5. Für Personen, die sich gegenwärtig in England aufhalten, nachdem sie aus Gefängnissen oder anderen Anstalten in Schottland entlassen worden sind (einschließlich solcher, die nach Absatz 1 dieses Paragraphen vor ihrer Entlassung in entsprechende schottische Anstalten überführt worden waren), gelten die Vorschriften in Teil I des Anhangs 7 zu dem vorliegenden Gesetz. Für Personen, die sich gegenwärtig in Schottland aufhalten, nachdem sie aus Gefängnissen oder anderen Anstalten in England entlassen worden sind (einschließlich solcher, die nach einer sich auf Schottland erstreckenden gesetzlichen Bestimmung vor ihrer Entlassung in entsprechende englische Anstalten überführt worden waren), gelten die Vorschriften in Teil II jenes Anhanges.

6. Im Sinne dieses Paragraphen ist jemand, der durch ein Gericht in Schottland oder auf der Insel Man bzw. den Kanalinseln zum Tode verurteilt und dann durch Seine Majestät unter der Voraussetzung begnadigt worden ist, daß er dafür eine Zuchthaus- oder Gefängnisstrafe verbüßt, so zu behandeln, als sei er durch jenes Gericht zu Zuchthaus oder Gefängnis verurteilt worden.

Behandlung von Geisteskranken und Geistesschwachen

§ 62. Abschaffung der Bezeichnungen „krimineller Geisteskranker“ (criminal lunatic) und Asyl für „kriminelle Geisteskranke“ (criminal lunatic asylum)

1. Asyle und durch § 1 des Gesetzes über Asyle für kriminelle Geisteskranke von 1860 (Criminal Lunatic Asylums Act, 1860) bestimmte Plätze heißen fortan „Broadmoor-Anstalten“ (Broadmoor-Institutions). Die gleiche Bezeichnung wird bereits im vorliegenden

Gesetz verwandt. An Stelle von Bezugnahmen auf Asyle für kriminelle Geisteskranke (wie immer sie genannt sein mögen) in sonstigen gesetzlichen Bestimmungen treten entsprechend Bezugnahmen auf Broadmoor-Anstalten.

2. Der Ausdruck „krimineller Geisteskranker" ist nicht mehr zu verwenden. An seine Stelle tritt, wo immer er in einer gesetzlichen Bestimmung erscheint, der Ausdruck „Broadmoor-Patient".

3. Alle Broadmoor-Anstalten stehen unter der Leitung des Kontrollamtes. Jede derartige Anstalt, die vor Inkrafttreten des vorliegenden Gesetzes dazu bestimmt worden ist, verbleibt kraft dieses Gesetzes und ohne weitere Bestätigung in der Zuständigkeit des Gesundheitsministers.

4. Im Sinne des § 67 Absatz 1a des Gesetzes über den Nationalen Gesundheitsdienst von 1946 (National Health Service Act, 1946) (der Anordnungen über die Gewährung von Ruhegehaltszuschüssen an bestimmte im Gesundheitsdienst beschäftigte Beamte trifft) gelten Beamte, die in Broadmoor-Anstalten tätig sind, als im Gesundheitsdienst beschäftigt.

5. Das Kontrollamt kann mit Zustimmung des Gesundheitsministers durch Gesetzesdekret Vorschriften über die Pflege und Behandlung von Patienten erlassen, die in Broadmoor-Anstalten untergebracht sind. Jedes Dekret, das derartige Vorschriften enthält, ist nach Fertigstellung dem Parlament vorzulegen.

6. § 162 des Gesetzes über die Geisteskrankheiten (Lunacy Act) von 1890 (der von dem Kontrollamt Berichte über die Patienten und Anstalten fordert, die von seinen Vertretern besucht worden sind) gilt, als wenn die in ihm enthaltenen Bezugnahmen auf Patienten und Anstalten zugleich Bezugnahmen auf Broadmoor-Patienten und Broadmoor-Anstalten wären.

§ 63. Überführung von Broadmoor-Patienten

1. Der Innenminister kann

a) wenn ihm bekannt wird, daß die Anwesenheit eines Broadmoor-Patienten an einem bestimmten Platz in Großbritannien im Interesse der Rechtssprechung oder für die Zwecke einer öffentlichen Untersuchung erwünscht ist, Anweisung erteilen, daß der Betreffende dorthin verbracht wird;

b) wenn ihm bekannt wird, daß ein Broadmoor-Patient ärztliche oder chirurgische Behandlung benötigt, die ihm in der Heilanstalt, in der er sich befindet, nicht zuteil werden kann, Anweisung erteilen, daß der Betreffende in ein Krankenhaus oder an einen anderen für eine solche Behandlung geeigneten Ort verbracht wird.

Ist nach diesem Absatz Anweisung erteilt, jemanden an einen der genannten Orte zu verbringen, so ist der Betreffende während der Verbringung, während seines Aufenthalts an dem Ort und während des Rücktransportes in die Heilanstalt, in der er in Übereinstimmung mit dem Gesetz unterzubringen ist, in Haft zu halten, wenn nicht der Innenminister etwas anderes bestimmt.

2. Der Innenminister kann auf Antrag eines Broadmoor-Patienten oder eines Verwandten von ihm die Überführung des Patienten von einer Heilanstalt in England in eine entsprechende schottische Anstalt anordnen. Ein Patient, der auf diese Weise überführt ist, ist zu behandeln, als wäre er von einem Gericht in Schottland verurteilt oder als hätte dieses seine Festsetzung angeordnet oder ihn sonstwie in Haft genommen.

3. Wenn nach irgendeiner gesetzlichen Bestimmung, die sich auf Schottland erstreckt, angeordnet ist, daß ein krimineller Geisteskranker von einer Heilanstalt in Schottland in eine entsprechende englische Anstalt überführt wird, so ist der Betreffende zu behandeln, als wäre er von einem Gericht in England verurteilt oder als hätte dieses seine Festsetzung angeordnet oder ihn sonstwie in Haft genommen.

4. Bezugnahmen in diesem Paragraphen auf eine Heilanstalt in Schottland sind so auszulegen, als enthielten sie Bezugnahmen auf die Abteilung für Geisteskranke des Perth-Gefängnisses.

§ 64. Behandlung von Personen, die von Gefängnissen usw. in Anstalten für Geistesschwache überführt sind

1. Ist jemand nach einer vom Innenminister auf Grund des § 9 des Gesetzes über Geistesschwäche (Mental Deficiency Act) von 1913 erlassenen Anordnung aus einem Gefängnis oder aus einer anderen Anstalt, auf welche die Gefängnisgesetze von 1865 und 1898 Anwendung finden, aus einem anerkannten Erziehungsheim oder aus einer Broadmoor-Anstalt, in der er untergebracht ist, in eine Anstalt für Geistesschwache überführt worden, so soll er, wenn nicht die Zustimmung des Innenministers vorliegt, für die Zeit, während der er ohne diese Überführung in einem Gefängnis oder einer anderen Anstalt hätte festgehalten werden müssen, aus der Anstalt für Geistesschwache nicht freigelassen werden.

2. Läuft während des erwähnten Zeitabschnitts die Anordnung nach dem genannten § 9 ab oder ergeht eine Anweisung, daß derjenige, auf den sich die Anordnung bezieht, aus der Anstalt für Geistesschwache entlassen werden soll, so kann der Innenminister, wenn er seine Zustimmung nach dem vorhergehenden Absatz nicht erteilt, den Betreffenden in ein Gefängnis oder eine andere Anstalt, in dem oder der er ohne die erwähnte Überführung festgehalten worden wäre, zurücksenden. Wer auf diese Weise zurückgesandt worden ist, ist zu behandeln, als wäre er nicht nach dem genannten § 9 überführt, sondern als wäre er in dem Gefängnis oder der Anstalt, aus der er überführt worden war, verblieben.

3. § 16 Absatz 1 des Gesetzes über Geistesschwache von 1913 findet keine Anwendung, wenn jemand während des oben erwähnten Zeitabschnitts in einer Anstalt für Geistesschwache festgehalten wird. Stellen jedoch zwei Friedensrichter, die für den Bezirk des kleinen Friedensgerichts oder den Ort zuständig sind, in dem die Anstalt für Geistesschwache liegt, und zwei approbierte Fachärzte irgendwann

während des erwähnten Zeitabschnitts fest, daß ein unter den wiedergegebenen Voraussetzungen in die Anstalt Überführter geisteskrank ist, so sollen sie diesen Sachverhalt in einer schriftlichen Erklärung niederlegen. Der Innenminister kann daraufhin in einem Haftbefehl anordnen, daß der Betreffende in die in dem Befehl genannte Heilanstalt verbracht wird. Das Gesetz über kriminelle Geisteskranke von 1884 findet auf den Betreffenden Anwendung, als wäre er aus einem Gefängnis in diese Heilanstalt überführt worden.

Vermischte Bestimmungen

§ 65. Widerrechtlich in Freiheit befindliche Personen

1. Wer sich nach einer Verurteilung zu Gefängnis, Zwangserziehung, Sicherungsverwahrung oder Borstalerziehung oder nachdem seine Unterbringung in einer Haftanstalt angeordnet oder er einem Gefängnis bzw. einer Anstalt für Zurückgestellte zugewiesen worden ist, widerrechtlich in Freiheit befindet, kann ohne Haftbefehl von einem Polizisten festgenommen und an den Platz gebracht werden, an dem er in Übereinstimmung mit dem Gesetz festzusetzen ist.

2. Befindet sich jemand, der zu Gefängnis, Zwangserziehung, Sicherungsverwahrung oder Borstalerziehung verurteilt bzw. dessen Unterbringung in einem Heim für Zurückgestellte oder einer Haftanstalt angeordnet ist, im Verlaufe der Zeit, während der er in Durchführung des Urteils oder der Anordnung festzusetzen wäre, irgendwann widerrechtlich in Freiheit, so bleibt bei Berechnung des Zeitabschnitts, während dessen seine Festsetzung in der vorerwähnten Weise erfolgen müßte, die Dauer der Zeit, in der er sich außerhalb des Gefängnisses, der Borstalanstalt oder der Haftanstalt befindet, unberücksichtigt, wenn nicht der Innenminister etwas anderes bestimmt.

a) Dieser Absatz findet jedoch auf einen solchen Zeitabschnitt keine Anwendung, während dessen jemand, der zu dem vorerwähnten Personenkreis gehört, in Durchführung des Urteils oder der Anordnung bzw. in Durchführung eines von einem anderen Gericht erlassenen Urteils in einem Gefängnis oder einer sonstigen Anstalt, auf die die Gefängnisgesetze von 1865 und 1898 Anwendung finden, festgehalten wird;
b) er findet weiter keine Anwendung, wenn sich jemand als Insasse einer Borstalanstalt widerrechtlich in Freiheit befindet, sofern dies nur deshalb der Fall ist, weil er nach Anhang 2 des vorliegenden Gesetzes dorthin wiedereingewiesen wurde;
c) die Regelung dieses Absatzes darf nicht dahin führen, daß sich die Zeit verlängert, für die ein zu Borstalerziehung Verurteilter nach jenem Anhang einer Aufsicht unterworfen ist.

3. Die Vorschriften des vorhergehenden Absatzes finden auf jemanden, der wegen Verzuges bei der Zahlung eines Geldbetrages in Haft gehalten wird, Anwendung, als wenn er zu Gefängnis verurteilt worden wäre.

§ 66. Gesetzmäßige Haft

Von wem das vorliegende Gesetz verlangt oder wer nach ihm berechtigt ist, an einen bestimmten Platz verbracht oder dort in Haft gehalten zu werden, gilt währenddessen als gesetzmäßig in Haft befindlich. Ein Polizist, der eine so bezeichnete Person verbringt oder festnimmt, hat insoweit in und außerhalb seines Dienstbezirkes sämtliche Befugnisse, Ermächtigungen, Schutz und Vorrechte eines Polizisten.

§ 67. Haft wegen Versäumnis, sich einem Gericht mit summarischem Verfahren zu stellen

Ist jemand, der einer Straftat beschuldigt oder ihretwegen verurteilt worden ist, gegen Übernahme einer Schuldverpflichtung unter der auflösenden Bedingung seines Erscheinens vor einem Gericht mit summarischem Verfahren freigelassen worden und versäumt er unter Bruch der Verpflichtung, zu erscheinen, so kann das Gericht einen Haftbefehl gegen den Betreffenden erlassen, ohne damit irgendeiner Befugnis vorzugreifen, aus der Schuldverpflichtung zu vollstrecken.

§ 68. Beschränkung der Befugnis, Verhaftungen ohne Haftbefehl vorzunehmen

Ungeachtet entgegenstehender Vorschriften in § 6 des Gesetzes über die Landstreicherei von 1824 (Vagrancy Act, 1824) darf jemand, der dabei betroffen wird, daß er sich als Wahrsager ausgibt oder daß er das Wahrsagen berufsmäßig betreibt oder daß er unter Anwendung von zweifelhaften Kunstgriffen und -mitteln, durch Handlinienlesen u. dergl. einen Untertan Seiner Majestät betrügt oder täuscht, auf Grund jenes Paragraphen nur durch einen Polizisten festgenommen werden, und auch durch diesen nur, wenn der Polizist Grund zu der Annahme hat, daß der Betreffende sich ohne Festnahme seiner Verfolgung entziehen würde, oder wenn ihm dessen Angaben zu seiner Person oder seinem Wohnsitz nicht glaubhaft erscheinen.

§ 69. Umwandlung einer Todesstrafe in Gefängnisstrafe

Wird ein zum Tode Verurteilter mit der Maßgabe, daß er eine Gefängnisstrafe von bestimmter Dauer verbüßt, von Seiner Majestät begnadigt, so gilt der Betreffende als von dem Gericht verurteilt, durch dessen Entscheidung die Dauer seiner Gefängnisstrafe bestimmt wurde.

§ 70. Abänderung des Gesetzes über die Verwirkung von 1870

1. Die §§ 6—30 des Gesetzes über die Verwirkung von 1870 (Forfeiture Act, 1870) (die sich auf die Verwaltung des Eigentums von Sträflingen beziehen) treten außer Kraft.

2. Ist nach § 2 des Gesetzes über die Verwirkung von 1870 ein Ruhegehalt oder eine Alterszulage verfallen, so kann die Behörde,

durch die das Ruhegehalt oder die Alterszulage gewährt wurde, diese ganz oder teilweise wiederaufleben lassen. Jedoch soll auf Grund dieses Absatzes keine Zahlung auf ein Ruhegehalt oder eine Alterszulage für einen Zeitabschnitt vor Inkrafttreten des vorliegenden Gesetzes erfolgen.

§ 71. Abänderung von § 71 des Gesetzes über Kinder und Jugendliche von 1933

1. An die Stelle von § 71 Absatz 1 des Gesetzes über Kinder und Jugendliche (Children and Young Persons Act) von 1933 tritt der folgende Absatz:

„1. Eine Anordnung, durch die ein Gericht ein Kind in eine anerkannte Schule (approved school) entsendet, enthält die Ermächtigung, dieses Kind, je nachdem, welcher Zeitpunkt später liegt, bis zum Ablauf von drei Jahren vom Tage des Erlasses der Anordnung an oder bis zum Ablauf von vier Monaten nach Erreichen der oberen Grenze des schulpflichtigen Alters in einer solchen Schule unterzubringen."

2. In dem entsprechend diesem Paragraphen abgeänderten § 71 hat der Ausdruck „schulpflichtiges Alter" die ihm in § 35 des Erziehungsgesetzes von 1944 (Education Act, 1944) zugeschriebene Bedeutung. § 8 des Erziehungsgesetzes von 1946 (der vorschreibt, daß jemand, der während eines Schulabschnitts ein bestimmtes Alter erreicht, behandelt werden soll, als habe er dieses Alter erst am Ende des Abschnitts erreicht) findet keine Anwendung.

3. Die Vorschriften des genannten § 71 finden in der durch diesen Paragraphen abgeänderten Fassung auf jede eine anerkannte Schule betreffende Anordnung Anwendung, die vor Inkrafttreten des vorliegenden Gesetzes erlassen wurde, wenn bei diesem Inkrafttreten die Zeit noch nicht abgelaufen war, für die der durch die Anordnung Betroffene auch unabhängig von den Vorschriften dieses Paragraphen unterzubringen war.

4. Für Schottland gilt dieser Paragraph mit folgenden Abweichungen:

a) An die Stelle von Bezugnahmen auf § 71 des Gesetzes über Kinder und Jugendliche von 1933 und auf Absatz 1 jenes Paragraphen treten Bezugnahmen auf § 75 des schottischen Gesetzes über Kinder und Jugendliche von 1937 (Children and Young Persons [Scotland] Act, 1937) sowie dessen Absatz 1.

b) An die Stelle von Absatz 2 tritt der folgende Absatz:

„2. In dem entsprechend diesem Paragraphen berichtigten § 75 bedeutet der Ausdruck „schulpflichtiges Alter" ein Schulalter, wie es in § 32 des schottischen Erziehungsgesetzes von 1946 (Education [Scotland] Act, 1946) erläutert ist. Keine Anwendung finden jedoch

a) Absatz 4 jenes Paragraphen (der das Schulalter für bestimmte Kinder, die einer besonderen erzieherischen Behandlung bedürfen, heraufsetzt), und

b) § 33 Absatz 2 jenes Gesetzes (der bestimmt, daß für ein Kind in bezug auf Beginn oder Ende des Schulbesuchs das in Frage kommende Alter einen Tag, nachdem es tatsächlich erreicht ist, als erreicht gilt)."

§ 72. Befugnisse des Gerichts in bezug auf Ausreißer aus anerkannten Schulen usw.

1. Ist jemand, in dessen Fall eine Anordnung ergangen ist, die eine anerkannte Schule betrifft, nach § 82 des Gesetzes über Kinder und Jugendliche von 1933 oder nach § 8 in Anhang 4 jenes Gesetzes (von denen der erste sich auf Ausreißer und der zweite sich auf solche Kinder oder Jugendliche bezieht, deren Verfehlung in schlechtem Betragen von ernsterem Ausmaß besteht) vor ein Gericht mit summarischem Verfahren gebracht worden, so kann das Gericht nach Maßgabe der nachfolgenden Bestimmungen dieses Paragraphen

a) in jedem Fall entweder eine neue Anordnung in bezug auf die anerkannte Schule erlassen oder anordnen, daß der Betreffende in die Schule zurückgebracht wird, wobei es gleichzeitig die ursprüngliche Dauer seiner Unterbringung um eine der eigenen Entscheidung des Gerichts unterliegende, jedoch sechs Monate nicht übersteigende Zeitspanne verlängern kann,

b) wenn der Betreffende das 16. Lebensjahr erreicht hat, ihn zu Borstalerziehung verurteilen.

2. Eine Anordnung, die nach Ziffer a) des voraufgegangenen Absatzes die Zeitdauer einer durch Schulanordnung herbeigeführten Unterbringung verlängert, gilt ungeachtet aller durch das Gesetz über Kinder und Jugendliche von 1933 vorgesehenen Begrenzungen der Zeit, für die jemand in einer anerkannten Schule untergebracht werden darf. Ebenso gelten für eine solche neue Schulanordnung die §§ 71, 73 und 74 jenes Gesetzes (die von der Zeitdauer der Unterbringung auf Grund von Schulanordnungen und von Beaufsichtigung und Wiedereinweisung handeln), als wenn eine in ihnen enthaltene Bezugnahme auf ein Alter von 19 Jahren durch eine solche auf ein Alter von $19^1/_2$ Jahren ersetzt wäre.

3. Unter Berücksichtigung des nachfolgenden Vorbehalts kann Seine Majestät durch Regierungsverordnung Gerichten mit summarischem Verfahren untersagen, eine Anordnung nach Absatz 1 Ziffer b) dieses Paragraphen zu erlassen. Eine solche Regierungsverordnung kann auf Angehörige eines der beiden Geschlechter beschränkt sein. Unabhängig von einer derartigen Beschränkung kann sie sich entweder auf alle Personen erstrecken, für die eine Anordnung besteht, nach der sie in anerkannten Schulen untergebracht werden sollen, oder nur auf solche, für die dies aus anderem Anlaß als wegen einer Straftat zutrifft. Die Verordnung soll jedoch nur dann ergehen, wenn der Innenminister sich die Gewißheit verschafft hat, daß, abgesehen von Borstalerziehung, gleichwertige Methoden für die Behandlung derjenigen zur Verfügung stehen, die von der Anordnung betroffen werden.

4. Der Entwurf einer nach dem vorhergehenden Absatz zu erlassenden Regierungsverordnung ist dem Parlament vorzulegen. Er wird erst dann Seiner Majestät im Kabinett unterbreitet, wenn beide Häuser des Parlaments Seiner Majestät eine Adresse vorlegen, in der sie um Erlaß der Anordnung nachsuchen.

Teil III

Ergänzende Bestimmungen

§ 73. Anwendung der §§ 1 und 2 auf Kriegsgerichte

1. Seine Majestät kann durch Regierungsverordnung Anweisung erteilen, daß die §§ 1 und 2 des vorliegenden Gesetzes auf Kriegsgerichte unter dem Flottenstrafgesetz angewandt werden. Das gleiche gilt für § 1 im Hinblick auf Kriegsgerichte unter dem Armee- oder Luftwaffengesetz. S. M. kann durch Regierungsverordnung solche Anpassungen und Abänderungen der genannten Gesetze herbeiführen, wie er sie als Folge der Einbeziehung jener Paragraphen für notwendig oder zweckdienlich hält.

2. Eine nach diesem Paragraphen erlassene Regierungsverordnung kann den Zeitpunkt näher bestimmen, an dem solche Anpassungen und Abänderungen wo auch immer in Kraft treten sollen. Die gesetzlichen Bestimmungen über Abfassung und Druck von Berichtigungen zu den vorerwähnten Gesetzen finden auf solche Anpassungen und Abänderungen Anwendung, als handle es sich bei ihnen um Berichtigungen auf Grund eines Gesetzes.

§ 74. Anwendung bestimmter Vorschriften über die Bewährung auf Aufsichtsanordnungen (supervision orders)

1. Eine Aufsichtsanordnung (d. h. eine Anordnung, die nach den §§ 62, 63, 64 und 84 des Gesetzes über Kinder und Jugendliche von 1933 erlassen ist und die ein Kind oder einen Jugendlichen der Aufsicht eines Bewährungsbeamten oder einer anderen zu diesem Zweck von einem Gericht ernannten Person unterstellt) kann nach näherer Vorschrift dieses Paragraphen solche Auflagen im Hinblick auf den Wohnsitz desjenigen, auf den sie sich bezieht, oder im Hinblick auf eine Behandlung wegen seines Geisteszustandes einschließen, wie sie nach § 3 Absatz 4 oder nach § 4 des vorliegenden Gesetzes in einer Bewährungsanordnung enthalten sein können. Eine Aufsichtsanordnung, die eine solche Vorschrift enthält, soll jedoch im Falle eines Jugendlichen nur mit dessen Zustimmung erlassen werden, und eine in einer solchen Anordnung enthaltene Auflage bezüglich des Wohnsitzes tritt außer Kraft, wenn der Betreffende das 18. Lebensjahr erreicht.

2. Das Gericht, von dem die Aufsichtsanordnung stammt, soll eine Ausfertigung davon unverzüglich dem Kind oder Jugendlichen,

auf die sie sich bezieht, zuleiten, eine weitere demjenigen, dessen Aufsicht das Kind oder der Jugendliche durch die Anordnung unterstellt wird, und eine dritte demjenigen, der die Anstalt leitet, die dem Kind oder Jugendlichen zum Aufenthalt zugewiesen ist. § 3 Absatz 7 des vorliegenden Gesetzes findet im Rahmen der Vorschriften dieses Paragraphen auf eine Aufsichtsanordnung, nach der jemandem eine Anstalt zum Aufenthalt zugewiesen ist, in gleicher Weise Anwendung wie auf eine Bewährungsanordnung, die eine derartige Auflage enthält.

3. § 5 Absatz 1—3 und Anhang 1 des vorliegenden Gesetzes finden auf die Aufhebung, Abänderung und Überprüfung von Aufsichtsanordnungen in gleicher Weise Anwendung wie auf die Aufhebung, Abänderung und Überprüfung von Bewährungsanordnungen. Eine Aufsichtsanordnung kann dabei nach dem genannten Anhang 1 auf Antrag jeder beliebigen Person abgeändert werden.

4. Bei der Anwendung auf Aufsichtsanordnungen gelten die in Absatz 1—3 dieses Paragraphen im einzelnen aufgeführten Vorschriften mit folgenden Abweichungen:

a) Bezugnahmen auf Bewährungsanordnungen sind zu ersetzen durch Bezugnahmen auf Aufsichtsanordnungen;
b) Bezugnahmen auf die Bewährungszeit sind zu ersetzen durch Bezugnahmen auf die in der Aufsichtsanordnung näher bestimmte Beaufsichtigungszeit;
c) Bezugnahmen auf den Bewährungspflichtigen oder den Täter sind zu ersetzen durch Bezugnahmen auf denjenigen, in dessen Fall die Aufsichtsanordnung erlassen oder zu erlassen ist;
d) Bezugnahmen auf den Bewährungsbeamten schließen Bezugnahmen auf eine Person ein, die, ohne diese Stellung zu bekleiden, zur Beaufsichtigung des Kindes oder Jugendlichen, auf die sich die Aufsichtsanordnung bezieht, auf Grund dieser Anordnung bestimmt ist;
e) Bezugnahmen auf das beaufsichtigende Gericht sind zu ersetzen durch Bezugnahmen auf das Gericht, das die Aufsichtsanordnung erlassen hat bzw. auf jedes andere Gericht, das nach § 4 Absatz 3 des Gesetzes über Kinder und Jugendliche von 1938 ermächtigt ist, die Befugnisse jenes Gerichts wahrzunehmen;
f) Ziffer 2 des erwähnten Anhangs 1 findet keine Anwendung, Ziffer 5 nur dann, wenn die abändernde Anordnung demjenigen, auf den sich die Aufsichtsanordnung bezieht, auferlegt, in einer Anstalt Aufenthalt zu nehmen oder sich einer Behandlung wegen seines Geisteszustandes zu unterziehen.

§ 75. Befugnis, Unterbringung in einer Anstalt für Zurückgestellte nach § 67 des Gesetzes über Kinder und Jugendliche von 1933 anzuordnen

1. Ist ein Gericht, dem ein Jugendlicher vorgeführt wird, der Auffassung, daß vor seiner Entscheidung, ob und welcher Art Anordnung nach den §§ 62—66 des Gesetzes über Kinder und Jugendliche von 1933 zu treffen ist, der Jugendliche auf seinen körperlichen

und geistigen Zustand untersucht werden sollte, so kann es anordnen, daß der Betreffende in einer Anstalt für Zurückgestellte untergebracht wird, wenn es von dem Innenminister in Kenntnis gesetzt wird, daß eine Anstalt für Zurückgestellte zur Verfügung steht, die von dem Gericht zugewiesene Personen von der Klasse oder Gattung des Betreffenden aufnehmen kann. Das Gericht muß außerdem überzeugt sein, daß geeignete Vorbedingungen für eine solche Untersuchung an einem Verwahrungsort, an dem die Unterbringung des Betreffenden nach § 67, Absatz 2 jenes Gesetzes sonst hätte angeordnet werden können, nicht vorhanden sind. Die in dem genannten Absatz 2 enthaltene Bezugnahme auf einen Verwahrungsort ist entsprechend auszulegen.

2. Ist ein Gericht, das im Falle eines Jugendlichen eine Zwischenanordnung nach Absatz 2 des erwähnten § 67 zu erlassen beabsichtigt, der Auffassung, daß der Betreffende einen zu aufsässigen Charakter hat, um in einem Heim für Zurückgestellte sicher genug festgehalten werden zu können, oder einen zu verdorbenen, um für die Unterbringung dort geeignet zu sein, und ist das Gericht durch den Innenminister in Kenntnis gesetzt, daß eine Anstalt für Zurückgestellte zur Verfügung steht, die von ihm zugewiesene Personen von der Klasse oder Gattung des Betreffenden aufnehmen kann, so soll ein Heim für Zurückgestellte in die Verwahrungsorte einbegriffen sein, in denen die Haft des Jugendlichen oder deren Fortsetzung angeordnet werden kann.

3. Erweist sich, daß ein Jugendlicher, der in Durchführung einer Zwischenanordnung nach Absatz 2 des erwähnten § 67 in einem Heim für Zurückgestellte untergebracht ist, einen zu aufsässigen Charakter hat, um dort sicher genug festgehalten werden zu können, oder einen zu verdorbenen, um für die Unterbringung darin geeignet zu sein, so kann das Gericht, das die Anordnung erlassen hat, oder, wenn ein entsprechender Antrag den Umständen nach bei diesem Gericht nicht gestellt werden kann, ein Gericht mit summarischem Verfahren, das an dem Ort, an dem das anordnende Gericht tagte, zuständig ist, die Anordnung widerrufen und anordnen, daß der Betreffende in einer Anstalt für Zurückgestellte untergebracht wird, wenn es vom Innenminister in Kenntnis gesetzt ist, daß eine solche Anstalt für Zurückgestellte zur Verfügung steht, die von dem Gericht zugewiesene Personen von der Klasse oder Gattung des Betreffenden aufnehmen kann.

§ 76. Vorschriften (rules) und Anweisungen (orders)

1. Die Befugnis des Innenministers, nach dem vorliegenden Gesetz Anordnungen zu erlassen, wird auf dem Wege des Gesetzesdekrets (statutory instrument) ausgeübt.

2. Der Entwurf eines Gesetzesdekrets, das Vorschriften enthält, die nach § 52 des vorliegenden Gesetzes erlassen sind, ist dem Parlament vorzulegen.

3. Die Befugnis, nach dem vorliegenden Gesetz Regierungsverordnungen (Orders in Council) zu erlassen, sowie die Befugnis des Innen-

ministers, nach dem vorliegenden Gesetz Anordnungen zu erlassen, schließt die Befugnis ein, jede derartige Regierungsverordnung oder Anordnung durch eine spätere zu widerrufen oder abzuändern.

§ 77. Zahlung von Aufwendungen und Zuschüssen aus Geldern, die vom Parlament in Rechnung gestellt sind

1. Aufwendungen des Innenministers sowie solche des Beauftragten für das Gefängniswesen nach dem vorliegenden Gesetz und Kosten, die dem Innenminister entstanden sind

a) durch die Ausbildung von Bewährungsbeamten oder von Beamten oder Bediensteten, die in anerkannten Bewährungsherbergen oder -heimen, in Heimen für Zurückgestellte oder in anerkannten Schulen beschäftigt sind, oder durch die Ausbildung von Personen, die Bewährungsbeamte bzw. Beamte oder Bedienstete der genannten Art werden sollen;

b) durch die Leitung von Untersuchungen über die Ursachen von Verbrechen und die Behandlung von Rechtsbrechern sowie über sonstige Gegenstände, die damit in Zusammenhang stehen,

sind in dem vom Schatzamt zugestandenen Umfange aus Geldern zu decken, die vom Parlament in Rechnung gestellt sind.

2. Kosten, die dem Gesundheitsminister oder dem Kontrollamt im Zusammenhang mit Broadmoor-Anstalten oder deren Verwaltung entstehen, und Beträge, um die nach einer Bestimmung des vorliegenden Gesetzes Unterstützungen sich vermehren, die auf Grund von Vorschriften gezahlt werden müssen, deren Erlaß auf § 67 Absatz 1 des Gesetzes über den Nationalen Gesundheitsdienst von 1946 zurückgeht, sind aus Geldern zu decken, die vom Parlament in Rechnung gestellt sind, die erstgenannten dabei in dem vom Schatzamt zugestandenen Umfange.

3. Aus Geldern, die vom Parlament in Rechnung gestellt sind, sind zu zahlen —

a) zu den Aufwendungen örtlicher Behörden sowie zu den Aufwendungen aus Mitteln der hauptstädtischen Polizei nach Anhang 5 zu dem vorliegenden Gesetz;

b) zu den Aufwendungen einer Gesellschaft oder Einzelperson bei der Vergrößerung, Verbesserung oder dem Betrieb von anerkannten Bewährungsherbergen oder -heimen oder bei der Errichtung, Vergrößerung oder Verbesserung von Gebäuden, die anschließend als anerkannte Bewährungsherbergen oder -heime dienen sollen;

c) zu den Aufwendungen einer Körperschaft, die vom Innenminister zur Ausbildung von Bewährungsbeamten oder solchen Personen zugelassen ist, die Bewährungsbeamte werden sollen;

d) zu den Aufwendungen einer Körperschaft, die vom Innenminister zur Ausbildung von Beamten oder Bediensteten zugelassen ist, die an einer Stelle, an der Rechtsbrecher oder solche, die einem Verfahren entgegensehen, festgesetzt werden können, bzw. die in anerkannten Bewährungsherbergen oder -heimen beschäftigt sind, oder auch einer Körperschaft, die zur Ausbildung von Personen zugelassen ist, die derartige Beamte oder Bedienstete werden sollen;

e) zu den Aufwendungen einer Gesellschaft, in deren Aufgabenbereich Überwachung oder Beistand gegenüber Entlassenen aus einem Gefängnis, einer Borstalanstalt oder einer Haftanstalt fallen;

f) zu den Aufwendungen einer Körperschaft oder Einzelperson, die vom Innenminister zur Leitung von Untersuchungen über die Ursachen von Verbrechen und die Behandlung von Rechtsbrechern sowie über sonstige Gegenstände, die damit im Zusammenhang stehen, zugelassen ist,

solche Beträge, wie der Innenminister mit Zustimmung des Schatzamtes anordnet, und unter Bedingungen, die in gleicher Weise festgelegt werden. Beträge, die derart zu Aufwendungen gezahlt werden, wie sie unter Ziffer a) in diesem Absatz aufgeführt sind, sollen jedoch 50% der Aufwendungen selbst nicht übersteigen.

4. Der Innenminister kann mit Zustimmung des Schatzamtes Vorschriften erlassen, nach denen von solchen Summen, die sonst aus Geldern, die vom Parlament in Rechnung gestellt sind, entweder nach dem vorhergehenden Absatz oder nach den Gesetzen über Kinder und Jugendliche von 1933 und 1938 an örtliche Behörden gezahlt werden würden, Beträge von einer in den genannten Vorschriften festgesetzten Höhe für Aufwendungen abgezogen werden, die ihm erwachsen sind

a) aus der Ausbildung von Beamten, Bediensteten oder anderen Personen, wie sie in Absatz 1 dieses Paragraphen aufgeführt sind;

b) in Form von Zahlungen nach Ziffer b) oder c) des vorhergehenden Absatzes;

c) in Form von Zahlungen nach Ziffer d) jenes Absatzes, soweit es sich um Aufwendungen für die Ausbildung von Beamten oder Bediensteten handelt, die in Heimen für Zurückgestellte, in anerkannten Bewährungsherbergen oder -heimen sowie in anerkannten Schulen beschäftigt sind, bzw. für die Ausbildung von Personen, die derartige Beamte oder Bedienstete werden sollen.

Beträge, die für derartige Aufwendungen des Innenministers abgezogen werden, sollen jedoch 50% dieser Aufwendungen nicht übersteigen.

5. Die Bedingungen, unter denen Beträge nach Ziffer b) in Absatz 3 dieses Paragraphen an eine Gesellschaft oder Einzelperson gezahlt werden, können von der Art sein, daß sie eine völlige oder teilweise Rückzahlung der von der Gesellschaft oder Einzelperson empfangenen Beträge für den Fall sicherstellen, daß der Bewährungsherberge oder dem Bewährungsheim, für die sie gezahlt sind, die Zulassung entzogen wird. Ohne Rücksicht auf die Satzung, die für die Herberge oder das Heim bzw. deren Leiter gilt, oder auf etwa vorhandene treuhänderische Verpflichtungen, denen das Vermögen der Herberge, des Heimes oder

ihrer Leiter unterworfen ist, können die Leiter oder diejenigen Personen, die Treuhänder eines der angegebenen Vermögen sind, jene Beträge unter den genannten Bedingungen in Empfang nehmen und diejenigen Urkunden vollziehen, von denen das Wirksamwerden jener Bedingungen abhängt. Sie sind dabei durch die Bedingungen und die vollzogenen Urkunden gebunden und haben die Befugnis, die Bedingungen und die Verpflichtungen, die sich aus den Urkunden neu ergeben, zu erfüllen.

6. Beträge, um die sich nach § 104 des Gesetzes über Kinder und Jugendliche von 1933 geleistete Zuschüsse zu den Aufwendungen von Räten der Grafschaften und Grafschaftsstädte auf Grund von Bestimmungen des vorliegenden Gesetzes erhöhen, sind aus Geldern zu zahlen, die vom Parlament in Rechnung gestellt sind.

7. Alle Beträge, die nach dem vorliegenden Gesetz bei dem Innenminister eingehen (einschließlich solcher auf Grund von Vorkehrungen, die im Hinblick auf die Kosten der Überführung und des Unterhalts von Personen getroffen sind, die nach § 61 des vorliegenden Gesetzes von der Insel Man oder den Kanalinseln nach Anstalten in England überführt worden sind), sind an den Schatzkanzler weiterzuleiten.

§ 78. Übergangsbestimmungen

Für die Überleitung des vor Inkrafttreten des vorliegenden Gesetzes gültig gewesenen Rechts auf dessen Vorschriften sind unbeschadet der Aufhebungsvorschriften des Auslegungsgesetzes von 1889 (Interpretation Act, 1889) die in Anhang 8 des vorliegenden Gesetzes niedergelegten Übergangsbestimmungen maßgebend.

§ 79. Auswirkungen auf die Fassung anderer Gesetze und kleinere Änderungen

Die in der ersten Spalte von Anhang 9 des vorliegenden Gesetzes aufgeführten gesetzlichen Bestimmungen gelten nach Maßgabe der in der zweiten Spalte näher bezeichneten Abänderungen. Diese ergeben sich aus den Vorschriften des vorliegenden Gesetzes oder betreffen Gegenstände von geringerer Bedeutung.

§ 80. Auslegung

1. In dem vorliegenden Gesetz haben die folgenden Ausdrücke, wenn der Zusammenhang nichts Abweichendes erfordert, die ihnen hiermit jeweils zugeschriebene Bedeutung:

„Anerkannte Bewährungsherberge" und „anerkanntes Bewährungsheim" haben die ihnen durch § 46 des vorliegenden Gesetzes zugeschriebene Bedeutung;

„Anerkannte Schule" (approved school) bedeutet eine nach § 79 des Gesetzes über Kinder und Jugendliche von 1933 zugelassenes Erziehungsheim;

„Gericht" schließt ein Kriegsgericht nicht ein;

„Gericht mit summarischem Verfahren" schließt Untersuchungsrichter im Sinne des Strafgerichtsgesetzes von 1925 ein;

„Haftanstalt" hat die ihm durch § 48 des vorliegenden Gesetzes zugeschriebene Bedeutung;

„Gesetzliche Bestimmung" schließt eine Bestimmung ein, die in einem örtlichen Gesetz sowie in irgendeiner Anordnung, Regelung oder sonstigen Urkunde enthalten ist, die auf Grund eines Gesetzes Wirksamkeit besitzt;

„England" schließt Wales ein;

„Gefängnisstrafe verhängen" bedeutet ein Urteil fällen, in dem eine Gefängnisstrafe ausgesprochen wird, bzw. jemanden wegen Säumnis bei der Bezahlung eines Geldbetrages oder deshalb in ein Gefängnis einweisen, weil er versäumt, etwas zu tun oder zu unterlassen, was hätte ausgeführt werden oder unterbleiben müssen;

„Örtliche Behörde" in Bezug auf einen Bewährungsbezirk bedeutet eine Behörde, aus deren Mitteln das Gehalt des rechtskundigen Beamten bei dem Gericht unterster Instanz an dem Bezirk oder Ort bezahlt wird, der in dem Bewährungsbezirk liegt;

„Heilanstalt" schließt eine Broadmoor-Anstalt ein;

„Städtischer Polizeigerichtsbezirk" bedeutet den Bezirk, der aus dem nach den Gesetzen über städtische Polizeigerichte von 1839 und 1840 (Metropolitan Police Courts Acts, 1839 and 1840) jeweils errichteten Polizeigericht besteht;

„Tat, deren Strafe gesetzlich vorgeschrieben ist" bedeutet eine strafbare Handlung, für die das Gericht den Täter zu Todesstrafe, lebenslänglichem Gefängnis oder Haft nach Belieben Seiner Majestät verurteilen muß;

„Anordnung über bedingten Straferlaß" hat die ihm in § 7 des vorliegenden Gesetzes zugeschriebene Bedeutung;

„Zeit des bedingten Straferlasses" hat die ihm in § 7 des vorliegenden Gesetzes zugeschriebene Bedeutung;

„Bewährungspflichtiger" bedeutet eine Person, die auf Grund einer Bewährungsanordnung zeitweilig unter Aufsicht steht;

„Bewährungsanordnung" hat die ihm durch § 3 des vorliegenden Gesetzes zugeschriebene Bedeutung;

„Bewährungszeit" bedeutet den Zeitabschnitt, für den ein Bewährungspflichtiger auf Grund einer Bewährungsanordnung unter Aufsicht gestellt ist;

„Anstalt für Zurückgestellte" hat die ihm in § 48 des vorliegenden Gesetzes zugeschriebene Bedeutung;

„Heim für Zurückgestellte" bedeutet ein Gebäude, das von dem Rat einer Grafschaft oder einer Grafschaftsstadt auf Grund der Vorschriften in § 77 des Gesetzes über Kinder und Jugendliche von 1933 errichtet oder in Gebrauch genommen ist;

„Urteil“ schließt eine auf Haft in einer Haftanstalt lautende Anordnung ebenso ein wie eine Anordnung auf Gewahrsam in einem Heim für Zurückgestellte nach § 54 des Gesetzes über Kinder und Jugendliche von 1933 und eine Anweisung, durch die ein Rechtsbrecher in eine anerkannte Schule eingewiesen wird, dagegen nicht eine auf Säumnis bei der Bezahlung eines Geldbetrages oder eine darauf beruhende Haftanordnung, daß jemand versäumt, etwas zu tun oder zu unterlassen, was hätte ausgeführt werden oder unterbleiben müssen;

„Betrag, auf dessen Zahlung durch Urteil erkannt ist“ schließt Kosten, Schadensersatz und Entschädigung ein, auf deren Zahlung durch Urteil erkannt ist und deren Höhe das Urteil festsetzt;

„Beaufsichtigendes Gericht“ in Bezug auf eine Bewährungsanordnung bedeutet ein Gericht mit summarischem Verfahren, das für den jeweils in der Anordnung benannten Bezirk oder Ort des kleinen Friedensgerichts zuständig ist; war der Bewährungspflichtige zur Zeit des Erlasses der Bewährungsanordnung ein Kind oder Jugendlicher im Sinne des Gesetzes über Kinder und Jugendliche von 1933, so bedeutet es ein Jugendgericht für jenen Bezirk oder Ort;

„Aufsichtsanordnung“ hat die ihm in § 74 des vorliegenden Gesetzes zugeschriebene Bedeutung.

2. Jede Bezugnahme des vorliegenden Gesetzes auf eine frühere Gefängnisstrafe gilt zugleich als Bezugnahme auf eine frühere Zuchthausstrafe, jede solche Bezugnahme auf eine frühere Verurteilung zu Borstalerziehung als Bezugnahme auf eine frühere Verurteilung zu Haft in einer Borstalanstalt, und jede Bezugnahme auf eine frühere Schuldigerklärung oder Verurteilung als Bezugnahme auf eine frühere Schuldigerklärung durch ein Gericht in irgendeinem Teile Großbritanniens bzw. ein früheres Urteil, das von einem solchen Gericht gefällt wurde.

3. Ist irgendwann das Alter einer Person Gegenstand einer Regelung in dem vorliegenden Gesetz oder in einer nach diesem Gesetz erlassenen Regierungsverordnung, in der die Befugnisse eines Gerichts geregelt sind, so gilt der Betreffende zu dem Zeitpunkt, wo die Regelung ihn trifft, als so alt, wie das Gericht nach Berücksichtigung aller verfügbaren Beweise ihn ansieht.

4. Bezugnahmen des vorliegenden Gesetzes auf eine mit Gefängnis strafbare Rechtsverletzung gelten im Hinblick auf den, der sie begeht, ohne Rücksicht auf Verbote oder Beschränkungen, die von oder nach dem vorliegenden Gesetz für die Bestrafung von Tätern seines Alters mit Gefängnis ausgesprochen sind. Dabei bleibt jedoch eine strafbare Handlung außer Betracht, wegen deren das Gericht lebenslängliche Gefängnisstrafe verhängen muß.

5. Im Sinne des vorliegenden Gesetzes gilt mit Ausnahme von § 3 Absatz 6 da, wo eine Bewährungsanordnung oder eine Anordnung über bedingten Straferlaß auf ein Rechtsmittel hin ergangen ist, die Anordnung als von dem Gericht erlassen, von dem das Rechtsmittel eingelegt ist.

6. Soweit eine Vorschrift des vorliegenden Gesetzes ein Gericht ermächtigt, nach der Schuldigerklärung eines Täters eine Strafe zu verhängen oder eine Anordnung zu erlassen, anstatt andere Maßnahmen gegen ihn zu ergreifen, kann sie nicht dahin ausgelegt werden, daß dem Gericht die Befugnis genommen wird, dem Täter die Zahlung von Kosten, Schadensersatz oder Entschädigung aufzuerlegen.

7. Bezugnahmen des vorliegenden Gesetzes auf irgendeine gesetzliche Bestimmung sind, wenn der Zusammenhang nichts Abweichendes erfordert, als Bezugnahme auch auf Abänderungen einer solchen Bestimmung durch spätere Vorschriften einschließlich des vorliegenden Gesetzes auszulegen.

§ 81. Anwendung auf Schottland

Die folgenden Vorschriften des vorliegenden Gesetzes erstrecken sich auch auf Schottland:

§ 2; § 8 Absatz 3; §§ 9 und 10; § 11 Absatz 5; § 12; § 30; § 60 Absatz 2; § 61 (mit Ausnahme von Absatz 2 und 4); § 63; § 65 Absatz 1, soweit es sich um eine widerrechtlich in Freiheit befindliche Person handelt, die sich in Schottland aufhält; § 66; § 71; § 73; Teil II des Anhangs 7 sowie allen anderen Bestimmungen, die nach diesem Teil II sich auf Schottland erstrecken; Teil II und III des Anhangs 10 sowie § 83 Absatz 3, soweit er von den gesetzlichen Bestimmungen handelt, die in den genannten Teilen II und III näher bezeichnet sind.

Darüber hinaus erstreckt sich das vorliegende Gesetz nicht auf Schottland.

§ 82. Anwendung auf Nordirland

Die folgenden Vorschriften des vorliegenden Gesetzes erstrecken sich auf Nord-Irland:

§ 30; § 73; Teil III des Anhangs 10 sowie § 83 Absatz 3, soweit er von den gesetzlichen Bestimmungen handelt, die in dem genannten Teil III näher bezeichnet sind.

Darüber hinaus erstreckt sich das vorliegende Gesetz nicht auf Nord-Irland.

§ 83. Zitierweise, Inkrafttreten und Aufhebungen

1. Das vorliegende Gesetz wird angeführt als „Gesetz über Kriminalrechtspflege von 1948“ (Criminal Justice Act, 1948).

2. Das Gesetz tritt an dem von Seiner Majestät durch Regierungsverordnung bestimmten Tage in Kraft. Dabei kann für einzelne Vorschriften des Gesetzes ein abweichender Zeitpunkt bestimmt werden. Bezugnahmen in bestimmten Vorschriften des Gesetzes auf dessen Inkrafttreten sind, wenn nicht die Verordnung etwas anderes bestimmt, als Bezugnahmen auf das Inkrafttreten der jeweiligen Vorschrift auszulegen.

3. Die in Teil I bis II des Anhangs 10 zu dem vorliegenden Gesetz näher bezeichneten gesetzlichen Bestimmungen werden hierdurch in dem in Spalte 3 jenes Anhangs vorgesehenen Umfange außer Kraft gesetzt, ohne daß dadurch die Vorschriften der §§ 61 Absatz 5 und 78 des vorliegenden Gesetzes berührt werden. Die Abschnitte 13, 15 A und 17 A der Vorschriften über die Verteidigung im Gerichtsverfahren von 1940 (Defence [Administration of Justice] Regulations, 1940) treten außer Kraft.

Anhang 1

§ 5. Aufhebung und Abänderung von Bewährungsanordnungen

Aufhebung (discharge)

1. Das Gericht, das eine Bewährungsanordnung erlassen hat, kann diese auf Antrag entweder des Bewährungsbeamten oder des Bewährungspflichtigen aufheben.

Abänderung (amendment)

2. (1) Wird dem beaufsichtigenden Gericht bekannt, daß ein Bewährungspflichtiger seinen Wohnsitz von dem in der Bewährungsanordnung genannten Bezirk des kleinen Friedensgerichts in den eines anderen zu verlegen beabsichtigt oder bereits verlegt hat, und ist von dem Bewährungsbeamten ein entsprechender Antrag gestellt, so ändert das Gericht die Bewährungsanordnung in einer neuen Anordnung in der Weise ab, daß es den in der Bewährungsanordnung genannten Bezirk des kleinen Friedensgerichts durch denjenigen ersetzt, in dem der Bewährungspflichtige seinen Wohnsitz zu nehmen beabsichtigt oder genommen hat. Enthält jedoch die Bewährungsanordnung Auflagen, die nach Auffassung des Gerichts dann nicht erfüllt werden können, wenn der Bewährungspflichtige seinen Wohnsitz in dem in der Anordnung genannten Bezirk aufgibt, so soll das Gericht die erwähnte Abänderung nur vornehmen, wenn es in Übereinstimmung mit den nachstehenden Vorschriften dieses Anhangs jene Auflagen aufhebt oder sie durch andere, dann erfüllbare ersetzt.

(2) Wird eine Bewährungsanordnung dementsprechend abgeändert, so soll das beaufsichtigende Gericht dem rechtskundigen Beamten des neuen Bezirks, der in der Anordnung benannt ist, eine Ausfertigung der Anordnung zusammen mit denjenigen Urkunden und zu dem Fall gehörenden Unterlagen zuleiten, die nach seiner Auffassung von Wert für jenes Gericht sein können.

3. Unbeschadet der vorhergehenden Vorschriften kann das beaufsichtigende Gericht auf Antrag des Bewährungsbeamten oder des Bewährungspflichtigen eine Bewährungsanordnung durch eine neue Anordnung in der Weise abändern, daß es bestimmte Auflagen aufhebt

bzw. (entweder zusätzlich oder an Stelle einer alten) neue einfügt, die in der ursprünglichen Anordnung hätten Aufnahme finden können, wenn diese erst jetzt von dem Gericht in Übereinstimmung mit den Vorschriften der §§ 3 und 4 des vorliegenden Gesetzes erlassen worden wäre.

Jedoch soll

a) das Gericht eine Bewährungsanordnung nicht dadurch abändern, daß es die Bewährungszeit herabsetzt oder sie über den Ablauf von 3 Jahren nach dem Erlaß der ursprünglichen Anordnung hinaus ausdehnt;

b) das Gericht eine Bewährungsanordnung nicht in der Weise abändern, daß es dem Bewährungspflichtigen auferlegt, für einen Zeitraum von insgesamt über 12 Monaten in einer anerkannten Bewährungsherberge, einem anerkannten Bewährungsheim oder sonst einer Anstalt Aufenthalt zu nehmen oder sich einer Behandlung wegen seines Geisteszustandes zu unterziehen;

c) das Gericht eine Bewährungsanordnung nur dann in der Weise abändern, daß es eine Auflage einfügt, nach der der Bewährungspflichtige sich einer Behandlung wegen seines Geisteszustandes zu unterziehen hat, wenn die berichtigende Anordnung innerhalb von drei Monaten nach dem Erlaß der ursprünglichen Anordnung ergeht.

4. Ist der Facharzt, von dem oder nach dessen Weisungen ein Bewährungspflichtiger in Durchführung einer Auflage der Bewährungsanordnung wegen seines Geisteszustandes behandelt wird, der Auffassung,

a) daß die Behandlung des Bewährungspflichtigen über den in der Anordnung bezeichneten Zeitraum ausgedehnt werden sollte;

b) daß der Bewährungspflichtige einer andersartigen Behandlung bedarf;

c) daß die Behandlung bei dem Bewährungspflichtigen nicht aussichtsreich erscheint;

d) daß der Bewährungspflichtige keine weitere Behandlung benötigt,

oder ist der Arzt aus irgendeinem Grunde nicht bereit, die Behandlung des Bewährungspflichtigen bzw. ihre Beaufsichtigung fortzusetzen, so soll er einen entsprechend gehaltenen schriftlichen Bericht an den Bewährungsbeamten richten. Der Bewährungsbeamte beantragt daraufhin bei dem beaufsichtigenden Gericht, daß die Auflage abgeändert oder aufgehoben wird.

Allgemeines

5. Beabsichtigt das beaufsichtigende Gericht, eine Bewährungsanordnung nach diesem Anhang aus anderem Anlaß als auf Antrag des Bewährungspflichtigen abzuändern, so soll es den Bewährungspflichtigen vorladen. Ist dieser über 14 Jahre alt, so darf das Gericht eine Bewährungsanordnung nur dann abändern, wenn der Bewährungspflichtige seine Bereitwilligkeit zum Ausdruck bringt, die Auflagen der abgeänderten Anordnung zu erfüllen.

Dies gilt jedoch nicht für eine Anordnung, durch die eine Auflage der Bewährungsanordnung aufgehoben, die Zeitdauer einer Auflage verkürzt oder der in der Anordnung bezeichnete Bezirk des kleinen Friedensgerichts durch einen anderen ersetzt wird.

6. Zugleich mit dem Erlaß einer Anordnung, durch die eine Bewährungsanordnung aufgehoben oder abgeändert wird, soll der Urkundsbeamte des Gerichts dem Bewährungsbeamten Ausfertigungen der aufhebenden oder abändernden Anordnung zuleiten. Der Bewährungsbeamte seinerseits übermittelt je eine Ausfertigung dem Bewährungspflichtigen und dem verantwortlichen Leiter der Anstalt, die dem Bewährungspflichtigen durch die Anordnung zum Aufenthalt zugewiesen ist oder war. Ändert jedoch die Anordnung die Bewährungsanordnung dadurch, daß sie den in der Bewährungsanordnung bezeichneten Bezirk des kleinen Friedensgerichts durch einen neuen ersetzt, so müssen die Ausfertigungen dem rechtskundigen Beamten des neuen kleinen Friedensgerichts zugestellt werden, und dieser ist seinerseits dafür verantwortlich, daß Ausfertigungen an den Bewährungsbeamten gelangen.

7. § 3 Absatz 7 des vorliegenden Gesetzes findet auf eine nach diesem Anhang erlassene Anordnung, durch die einem Bewährungspflichtigen eine Anstalt zum Aufenthalt zugewiesen ist, in derselben Weise Anwendung wie auf eine nach § 3 erlassene Bewährungsanordnung.

Anhang 2

§ 20. Borstalerziehung

1. Wer zu Borstalerziehung verurteilt ist, ist für eine von dem Beauftragten für das Gefängniswesen bestimmte, jedoch drei Jahre über den Zeitpunkt der Verurteilung nicht hinausreichende Zeit in einer Borstalanstalt unterzubringen und dann zu entlassen.

Der Beauftragte für das Gefängniswesen darf jedoch niemanden aus einer Borstalanstalt entlassen, bevor nicht neun Monate seit dem Tage seiner Verurteilung verstrichen sind, es sei denn, daß der Innenminister ihn auf Grund dieses Anhangs dazu anweist.

2. Wer aus einer Borstalanstalt entlassen ist, bleibt bis zum Ablauf von vier Jahren nach dem Tage seiner Verurteilung der Aufsicht einer Gesellschaft oder Einzelperson unterstellt, die ihm bei seiner Entlassung von dem Beauftragten für das Gefängniswesen in einem Merkblatt näher bezeichnet wird. Solange er unter Aufsicht steht, hat er die ebenfalls dort bezeichneten Auflagen zu erfüllen.

Der Beauftragte für das Gefängniswesen kann jedoch jederzeit eine dieser Auflagen abändern oder aufheben bzw. kann anordnen, daß jemand, der in der genannten Weise unter Aufsicht steht, aus dieser Aufsicht entlassen wird.

3. Wird dem Beauftragten für das Gefängniswesen bekannt, daß ein nach Ziffer 1 dieses Anhangs aus einer Borstalanstalt Entlassener

noch vor Ablauf von vier Jahren nach dem Tage seiner Verurteilung eine in dem ihm nach Ziffer 2 dieses Anhangs mitgegebenen Merkblatt näher bezeichnete Auflage nicht erfüllt hat, so kann er den Betreffenden durch Anordnung wieder in eine Borstalanstalt einweisen, woraufhin dieser, je nachdem, welcher Zeitpunkt später liegt, bis zum Ablauf von drei Jahren nach dem Tage seiner Verurteilung oder von sechs Monaten nach dem Tage seiner Festnahme auf Grund der Anordnung wieder in der Borstalanstalt unterzubringen und, wenn er sich in Freiheit befindet, als widerrechtlich frei zu betrachten ist.

Jedoch

a) wird eine derartige Anordnung nach Ablauf von vier Jahren nach dem Tage der Verurteilung unwirksam, es sei denn, daß derjenige, auf den sie sich bezieht, auf Grund dieser Anordnung sich zu der Zeit in Haft befindet;

b) kann der Beauftragte für das Gefängniswesen jemanden, der in der vorbeschriebenen Weise in einer Borstalanstalt untergebracht ist, jederzeit entlassen. Die voraufgehenden Vorschriften dieses Anhangs finden auf einen derart Entlassenen in gleicher Weise Anwendung wie auf jemanden, der nach Ziffer 1 dieses Anhangs entlassen ist.

4. Wird jemand während der Zeit, wo er unter Aufsicht steht, oder nach seiner etwaigen Wiedereinweisung in eine Borstalanstalt von einem Gericht in irgendeinem Teil Großbritanniens zu Zwangserziehung, Borstalerziehung, zu Zuchthaus oder zu Haft in einer Borstalanstalt verurteilt, so wird seine ursprüngliche Verurteilung zu Borstalerziehung unwirksam. Lautet das Urteil auf Gefängnis, so zählt die Zeit, während der er seine Gefängnisstrafe verbüßt, als Teil der Zeit, während der er nach dem ursprünglichen Urteil in einer Borstalanstalt hätte untergebracht werden müssen.

5. Soweit der Beauftragte für das Gefängniswesen die ihm durch diesen Anhang zugeschriebenen Aufgaben ausübt, muß er in Übereinstimmung mit etwaigen allgemeinen oder besonderen Anweisungen des Innenministers handeln sowie Berichte heranziehen, die ihm von einem Besucherkollegium zu der Frage vorgelegt werden, ob es ratsam ist, eine bestimmte Person aus einer Borstalanstalt zu entlassen.

Anhang 3

§ 21. Entlassung mit Erlaubnisschein (release on licence) solcher Personen, die zu Zwangserziehung oder Sicherungsverwahrung verurteilt sind

1. Der Beauftragte für das Gefängniswesen kann jemanden, der zu Zwangserziehung oder Sicherungsverwahrung verurteilt ist, mit Erlaubnisschein entlassen, nachdem er einen Teil seiner Strafe verbüßt hat, wie er in Vorschriften festgesetzt ist, die auf Grund des § 52 des vorliegenden Gesetzes erlassen sind.

Der Innenminister kann jedoch den Beauftragten für das Gefängniswesen anweisen, einen derart Verurteilten jederzeit zu entlassen.

2. Wer nach Ziffer 1 dieses Anhangs mit Erlaubnisschein entlassen ist, hat bis zum Ablauf seiner Strafe diejenigen Auflagen zu erfüllen, die in dem Erlaubnisschein näher angegeben sind. Wenn der Beauftragte für das Gefängniswesen es für angemessen hält, kann in die Auflage einbegriffen sein, sich der Aufsicht einer ebenfalls in dem Schein näher bezeichneten Gesellschaft oder Einzelperson zu unterstellen. Der Innenminister kann derartige Auflagen zu jeder Zeit abändern oder aufheben.

3. Wird dem Beauftragten für das Gefängniswesen bekannt, daß ein nach Ziffer 1 dieses Anhangs mit Erlaubnisschein Entlassener vor Ablauf seiner Strafe eine in dem Erlaubnisschein näher bezeichnete Auflage nicht erfüllt hat, so kann er anordnen, daß der Betreffende erneut in das Gefängnis eingewiesen wird; dieser ist daraufhin bis zum Ablauf seiner Strafe im Gefängnis festzuhalten und gilt, wenn er sich in Freiheit befindet, als widerrechtlich frei.

4. Der Beauftragte für das Gefängniswesen kann jemanden, der sich nach Ziffer 3 im Gefängnis befindet, jederzeit vor Ablauf seiner Strafe mit Erlaubnisschein entlassen. Die voraufgehenden Vorschriften dieses Anhangs finden auf einen derart Entlassenen in gleicher Weise Anwendung, wie auf jemanden, der nach Ziffer 1 dieses Anhangs entlassen ist.

5. Wird jemand, der in der vorerwähnten Weise mit Erlaubnisschein entlassen oder nachdem er erneut in ein Gefängnis eingewiesen ist, von einem Gericht in irgendeinem Teil Großbritanniens zu Zwangserziehung oder Sicherungsverwahrung verurteilt, so tritt das Urteil, auf Grund dessen er entlassen oder wiedereingewiesen ist, außer Kraft. Ist er zu Gefängnis oder Zuchthaus verurteilt, so zählt jeder Zeitabschnitt, während dessen er seine Strafe verbüßt, als Teil der Zeit, die er nach dem ursprünglichen Urteil verbüßen muß.

6. Soweit der Beauftragte für das Gefängniswesen die ihm durch diesen Anhang zugeschriebenen Aufgaben ausübt, muß er in Übereinstimmung mit etwaigen allgemeinen oder besonderen Anweisungen des Innenministers handeln.

Anhang 4

Eintragung der Anschrift und Meldung auf der Polizeiwache durch entlassene Gefangene

1. (1) Jeder, auf den dieser Anhang Anwendung findet, hat

a) auf der vorgeschriebenen Polizeiwache des Polizeibezirks, in dem er jeweils seinen Wohnsitz hat, seine Anschrift eintragen zu lassen;

b) sich monatlich einmal an einem von der übergeordneten Polizeibehörde oder in deren Namen bestimmten Tage auf derjenigen Polizeiwache zu melden, auf der zu diesem Zeitpunkt seine Anschrift eingetragen ist.

(2) Wechselt jemand, auf den dieser Anhang Anwendung findet, seinen Wohnsitz, so hat er bei der ihm nach dem oben Gesagten obliegenden Angabe seiner neuen Anschrift zugleich diejenige Anschrift zu bezeichnen, die er als letzte davor angegeben hat.

(3) Jede Eintragung und Meldung der genannten Art hat persönlich vor dem diensttuenden Beamten der Polizeiwache zu erfolgen. Die Meldung kann jedoch, wenn insoweit eine von dem leitenden Polizeibeamten selbst oder in seinem Namen erteilte Erlaubnis vorliegt, schriftlich vorgenommen werden.

2. (1) Versäumt jemand ohne stichhaltigen Grund, eine der oben angeführten Auflagen zu erfüllen, so macht er sich eines Vergehens schuldig, wegen dessen er im summarischen Verfahren zu einer Gefängnisstrafe von nicht mehr als 6 Monaten verurteilt werden kann.

Jedoch dient es dem Angeklagten zur Verteidigung

a) im Verfahren wegen Versäumens der Anzeige seiner Anschrift, wenn er beweist

   1. entweder, daß er im Verlauf einer Reise nach einem bestimmten Ziel an dem Ort, an dem er die Anzeige der Anschrift versäumte, sich nicht länger aufgehalten hat, als für die Zwecke jener Reise unbedingt erforderlich war;

   2. oder daß seine Abwesenheit von seiner eingetragenen Anschrift nur zeitweilig war und er den diensttuenden Beamten der Polizeiwache, auf der jene Anschrift eingetragen war, über seinen vorübergehenden Aufenthalt hinreichend unterrichtet hatte;

b) im Verfahren wegen Versäumens der Meldung, wenn er beweist, daß er sich während der vorübergehenden Abwesenheit von seiner eingetragenen Anschrift an dem Meldetage persönlich auf einer Polizeiwache des Bezirks, in dem er sich zu der Zeit befand, eingefunden, gemeldet und seine eingetragene Anschrift angegeben hat.

(2) Ist jemand, auf den dieser Anhang Anwendung findet, einer strafbaren Handlung nach Absatz 1 hinreichend verdächtig, so kann er ohne Haftbefehl von jedem Polizisten festgenommen werden.

(3) Die Verhandlung gegen jemanden, der einer strafbaren Handlung nach Absatz 1 beschuldigt wird, kann an dem Ort stattfinden, an dem er festgenommen, oder an dem Ort, an dem das Vergehen angeblich begangen wurde, oder auch, wenn das Vergehen darin besteht, daß die schriftliche Meldung an eine Polizeiwache unterblieb, an dem Ort, an dem die Polizeiwache liegt.

3. (1) Jede Bestimmung, Anweisung oder Erlaubnis, die von einer übergeordneten Polizeibehörde oder in deren Namen unterzeichnet und im Sinne dieses Anhangs erlassen oder erteilt ist, gilt in einem Verfahren nach der vorhergehenden Ziffer als Beweis dafür, daß diese Bestimmung, Anweisung oder Erlaubnis in der vorgeschriebenen Form von der übergeordneten Polizeibehörde oder in deren Namen erlassen oder erteilt ist.

(2) Ein Schriftstück, das von einem diensttuenden Beamten einer Polizeiwache unterzeichnet ist und nach dessen Feststellungen sich aus den in der Polizeiwache geführten Akten ergibt, daß jemand versäumt hat, eine Anschrift eintragen zu lassen oder sich zu melden, oder daß er auf dieser Wache eine verdächtige Anschrift hat eintragen lassen, gilt in einem der oben erwähnten Verfahren als Beweis für die festgestellten Tatsachen.

(3) Ein von dem Polizeichef der Hauptstadt oder in dessen Namen unterzeichnetes Schriftstück, das den Empfang einer Anzeige nach § 22 Absatz 2b des vorliegenden Gesetzes mit dem Inhalt bestätigt, daß jemand eine auf Grund jenes Absatzes erteilte Auflage nicht erfüllt hat, gilt in einem der oben erwähnten Verfahren als Beweis für den Inhalt der Anzeige und dafür, daß diese vorschriftsmäßig erstattet ist.

4. (1) Im Sinne dieses Anhangs gilt jemand in dem Haus oder sonstigen Platz gleich welcher Art als wohnhaft, in dem er eine Nacht verbringt.

(2) In diesem Anhang haben die folgenden Ausdrücke die ihnen hiermit jeweils zugeschriebene Bedeutung:

„Vorgeschriebene Polizeiwache" bedeutet eine Wache, die im Sinne dieses Anhangs von dem leitenden Polizeibeamten des Bezirks, in dem die Wache liegt, bestimmt ist;

„Übergeordnete Polizeibehörde" und „Polizeibezirk" haben jeweils die gleiche Bedeutung wie in § 30 des Gesetzes über Ruhegehälter bei der Polizei von 1921 (Police Pensions Act, 1921);

„Eingetragene Anschrift" in Bezug auf eine Person bedeutet die jeweils zuletzt von dem Betreffenden in Übereinstimmung mit diesem Anhang angegebene Anschrift.

5. Es ist Pflicht der übergeordneten Polizeibehörde, in ihrem Bezirk eine genügende Anzahl von Wachen im Sinne dieses Anhangs zu bestimmen.

Anhang 5

§ 45. Verwaltungsvorschriften für die Bewährung
Bewährungsbezirke

1. (1) Ist der Innenminister, nachdem er Vorschläge erwogen hat, die ihm von dem Quartalsgericht einer Grafschaft gemacht worden sind, oder auch unabhängig von solchen Vorschlägen der Auffassung, daß zweckmäßigerweise zwei oder mehr Friedensgerichtsbezirke einen Bewährungsbezirk bilden sollen, so kann er auf dem Wege des Gesetzesdekrets eine entsprechende Anordnung treffen. Diese Anordnung kann diejenigen Ergänzungs- und Durchführungsvorschriften enthalten, die der Innenminister für zweckdienlich hält.

(2) Bevor der Innenminister hiernach eine Anordnung erläßt, soll er den Richtern, die für einen durch die Anordnung betroffenen Bezirk eines kleinen Friedensgerichts zuständig sind, Gelegenheit geben,

etwaige Einwendungen ihm gegenüber vorzutragen. Solche Einwände muß er berücksichtigen.

(3) Jeder Bezirk eines kleinen Friedensgerichts, der nicht auf Grund einer nach den vorhergehenden Vorschriften getroffenen Anordnung in einen Bewährungsbezirk einbezogen ist, bildet einen Bewährungsbezirk für sich.

Bewährungskomitees, Fallkomitees und Bewährungsbeamte

2. (1) In jedem Bewährungsbezirk ist ein Bewährungskomitee (probation committee) zu bilden, das bestehen soll

a) wenn der Bewährungsbezirk mehr als den Bezirk eines kleinen Friedensgerichts umfaßt, aus soviel Richtern, als in der Anordnung angegeben sind, wobei diese Richter in der ebenfalls dort angegebenen Weise von solchen Richtern ernannt werden sollen, die für die mehreren, in dem Bewährungsbezirk zusammengefaßten Bezirke eines kleinen Friedensgerichts zuständig sind, und — soweit die Anordnung dies vorsieht — aus so viel weiteren Richtern, als durch sie bestimmt wird, die letztgenannten als Inhaber der Ämter eines Vorsitzenden, stellvertretenden Vorsitzenden, Beisitzers oder des mit der zeitweiligen Wahrnehmung richterlicher Geschäfte beauftragten Beamten eines Quartalsgerichts, das für den betreffenden Bezirk zuständig ist;

b) wenn der Bewährungsbezirk mit dem Bezirk eines kleinen Friedensgerichts übereinstimmt, aus einer vorgeschriebenen Anzahl von Richtern, die in der vorgeschriebenen Weise von den für diesen Bezirk zuständigen Richtern ernannt werden.

Absatz 3 ist zu berücksichtigen.

(2) In jedem Bezirk eines kleinen Friedensgerichts sind ein oder mehrere Komitees unter der Bezeichnung „Fallkomitee" (case committee) zu bilden. Jedes derartige Komitee soll

a) wenn der Bezirk ein für sich bestehender Bewährungsbezirk ist, aus dem Bewährungskomitee —

b) in allen anderen Fällen aus einer vorgeschriebenen Anzahl von Richtern bestehen, die von den für diesen Bezirk zuständigen Richtern ernannt werden.

(3) Jedes Fallkomitee im Bezirk eines kleinen Friedensgerichts, der nicht ein für sich bestehender Bewährungsbezirk ist, oder jedes Bewährungskomitee kann eine von ihm zu bestimmende Anzahl von Personen, die im Besitz gewisser vorgeschriebener Eigenschaften sind, zur Mitarbeit heranziehen:

Die Zahl der so zur Mitarbeit herangezogenen Mitglieder soll die Mitgliederzahl des Komitees um ein Drittel nicht übersteigen. Wer Friedensrichter für eine Grafschaft oder eine Stadt ist, in der der Bewährungsbezirk oder ein Teil davon liegt, oder die ganz oder teilweise in diesem Bezirk eingeschlossen ist, soll nicht zur Mitarbeit herangezogen werden.

3. (1) Es ist Pflicht jedes Bewährungskomitees

a) genügend Bewährungsbeamte für seinen Bezirk zu ernennen (wobei die Ernennung bestimmter vorgeschriebener Klassen und Arten von Bewährungsbeamten von der Zustimmung des Innenministers abhängt), und außerdem sicherzustellen, daß mindestens ein männlicher und ein weiblicher Bewährungsbeamter bei dem Komitee jedes Bezirks eines kleinen Friedensgerichts ernannt oder durch das Komitee bestimmt wird;

b) den für seinen Bezirk ernannten Bewährungsbeamten die vorgeschriebenen Vergütungen, Zuschüsse und Auslagen zu zahlen;

c) Vorsorge zu treffen, daß die Bewährungsbeamten ihre Tätigkeit erfolgreich ausüben;

d) Zahlungen an bestimmte Empfänger zu leisten, soweit dies zugunsten solcher Personen vorgeschrieben ist, die unter der Aufsicht von Bewährungsbeamten stehen, weil ihnen durch eine Bewährungsanordnung oder Aufsichtsanordnung ein bestimmter Platz zum Aufenthalt zugewiesen ist (ausgenommen zu dem Zweck, sich dort als Patienten auf eigenen Wunsch oder ständige Insassen einer Behandlung wegen ihres Geisteszustandes zu unterziehen);

e) andere Pflichten in Verbindung mit der Tätigkeit von Bewährungsbeamten zu erfüllen, soweit dies vorgeschrieben ist.

(2) Ein Bewährungskomitee kann in den Fällen und in der Art und Weise, wie es vorgeschrieben ist, Personen, die der Aufsicht der für seinen Bezirk ernannten Bewährungsbeamten unterstellt sind, finanzielle und andere Hilfe gewähren.

(3) Ein Bewährungskomitee soll diejenigen Auslagen erstatten, die einem an einem kleinen Friedensgericht seines Bewährungsbezirks bestehenden Komitee für Rechtsfälle in Übereinstimmung mit Verordnungen entstanden sind, die der Innenminister nach diesem Anhang erlassen hat.

(4) Ein Bewährungskomitee kann seine Aufgaben, soweit es der Innenminister genehmigt, auf ein Unterkomitee übertragen, das aus einer ebenfalls vom Innenminister genehmigten Anzahl von Mitgliedern des Komitees besteht.

(5) Es ist Pflicht der Bewährungsbeamten, die Bewährungspflichtigen oder sonstigen Personen, die ihrer Aufsicht unterstellt sind, zu überwachen, zu beraten, sie zu unterstützen und ihnen freundschaftlich beizustehen, in Übereinstimmung mit etwaigen Anweisungen des Gerichts sich Einblick in ihre Lebensverhältnisse und häusliche Umgebung zu verschaffen mit dem Ziel, das Gericht bei der Entscheidung über die geeignetste Behandlungsweise ihres Falles zu unterstützen; weiterhin in den Fällen und in der Art und Weise, wie es vorgeschrieben ist, solche Personen zu beraten, zu unterstützen und ihnen freundschaftlich beizustehen, die aus dem Gefängnis entlassen sind, sowie schließlich alle anderen Aufgaben zu übernehmen, die durch irgendeine gesetzliche Bestimmung vorgeschrieben oder ihnen auferlegt sind.

(6) Es ist Pflicht der Fallkomitees, die Tätigkeit der Bewährungsbeamten in bestimmten Einzelfällen zu überwachen und andere Aufgaben in Verbindung mit der Tätigkeit von Bewährungsbeamten zu übernehmen, soweit dies vorgeschrieben ist.

(7) Verordnungen, die nach diesem Anhang über das Verfahren bei den Fallkomitees ergehen, können vorsehen, daß einzelne Mitglieder eines Fallkomitees berufen sein sollen, Sonderfälle oder Gruppen von solchen zu behandeln.

Auswahl von Bewährungsbeamten

4. (1) Der für die Beaufsichtigung eines Bewährungspflichtigen verantwortliche Bewährungsbeamte ist auf Grund von Richtlinien, die von dem Bewährungskomitee für denjenigen Bewährungsbezirk festgelegt sind, der den in der Anordnung jeweils benannten Bezirk des kleinen Friedensgerichts umfaßt, aus der Zahl der Bewährungsbeamten auszuwählen, die für dieses Gericht ernannt oder bestimmt sind. Stirbt der in dieser Weise ausgewählte Bewährungsbeamte oder wird er aus irgendeinem Grunde unfähig, seine Pflichten zu erfüllen, oder hält das für den Fall zuständige Bewährungskomitee es für wünschenswert, daß ein anderer Beamter seinen Platz einnimmt, so ist ein anderer Bewährungsbeamter in der gleichen Weise aus der Zahl der Bewährungsbeamten auszuwählen, die für jenes Gericht ernannt oder bestimmt sind.

(2) Der Bewährungsbeamte, dessen Aufsicht eine Frau oder ein Mädchen unterstellt ist, muß eine Frau sein.

Kosten

5. (1) Die Beträge, die erforderlich sind, um Ausgaben zu bestreiten, die einem Bewährungskomitee auf Grund der Vorschriften dieses Anhangs entstanden sind, sind in Übereinstimmung mit Vorschriften gleicher Herkunft von der örtlichen Behörde zu tragen, in deren Bezirk der Bewährungsbezirk liegt. Das gleiche gilt für Aufwendungen, die einem Bewährungskomitee im Hinblick auf Alterszulagen, Zuwendungen oder eine Entschädigung entstanden sind, die auf Grund einer Anordnung nach dem Gesetz über das Ruhegehalt von Bewährungsbeamten von 1947 (Probation Officers [Superannuation] Act, 1947) an oder zugunsten von Bewährungsbeamten und Sekretären gezahlt werden müssen, die von Bewährungskomitees oder Bewährungsbeamten zur Unterstützung der Letztgenannten bei der Ausübung ihrer Pflichten bestimmt werden, sowie für alle anderen Ausgaben, die einem Bewährungskomitee im Zusammenhang mit Vorschriften entstanden sind, deren Erlaß auf diesen Anhang zurückgeht.

Wird dem Innenminister jedoch bekannt, daß ein Bewährungskomitee die ihm nach diesem Anhang obliegenden Aufgaben nicht nachdrücklich genug wahrnimmt oder bei Durchführung dieser Aufgaben unnötige Kosten entstehen läßt, so kann er anordnen, daß die örtliche Behörde in dem in einer solchen Anordnung bezeichneten

Umfang von der Verpflichtung freigestellt wird, die Kosten des Bewährungskomitees zu tragen.

(2) Liegt ein Bewährungsbezirk in dem Bezirk von zwei oder mehr örtlichen Behörden, so sind die in der vorerwähnten Weise zu übernehmenden Beträge zwischen den einzelnen Behörden aufzuteilen, und zwar so, wie diese es untereinander vereinbaren oder wie mangels einer solchen Vereinbarung durch den Innenminister bestimmt wird.

(3) Ist ein Bewährungsbeamter für mehr als einen Bewährungsbezirk ernannt worden, so ist sein Gehalt und sind Kosten, die ihm oder einem Bewährungskomitee im Zusammenhang mit der Durchführung seiner Aufgaben entstanden sind, zwischen den Bewährungskomitees für die verschiedenen Bezirke aufzuteilen, für die er ernannt ist, und zwar so, wie es die Bewährungskomitees nach Beratung mit den betroffenen örtlichen Behörden vereinbaren oder wie mangels einer solchen Vereinbarung durch den Staatssekretär bestimmt wird. Das gleiche gilt für Aufwendungen, die im Hinblick auf Alterszulagen, Zuwendungen oder eine Entschädigung entstanden sind, die auf Grund einer Anordnung nach dem Gesetz über das Ruhegehalt von Bewährungsbeamten von 1947 (Probation Officers [Superannuation] Act, 1947) an oder zugunsten des Bewährungsbeamten oder eines Sekretärs gezahlt werden müssen, der zu seiner Unterstützung bei der Ausübung seiner Pflichten bestimmt ist.

Allgemeines

6. Der Innenminister kann Verordnungen erlassen, in denen

a) die Verfassung, das Verfahren, die Befugnisse und Aufgaben von Bewährungskomitees und Fallkomitees, die Kosten, die ihnen entstehen dürfen, sowie die Art und Weise, wie sie zu tragen sind,

b) die Anforderungen, die an Bewährungsbeamte zu stellen sind, ihre Ernennungsweise, Dienstverhältnisse und Aufgaben geregelt werden;

c) Vorschriften in jeder anderen Beziehung getroffen werden, für die in den Bestimmungen dieses Anhangs eine solche Möglichkeit vorgesehen ist.

Der Ausdruck „vorgeschrieben“ in diesen Bestimmungen bedeutet „vorgeschrieben durch Verordnungen des Innenministers“.

7. (1) Die Bestimmungen dieses Anhangs gelten bei Anwendung auf das Polizeigericht der Hauptstadt mit folgenden Abänderungen:

a) Der Bezirk des Polizeigerichts der Hauptstadt ist ein Bewährungsbezirk;

b) die Vorschriften über die Verfassung von Bewährungskomitees und Fallkomitees finden keine Anwendung; der Innenminister kann durch Verordnung Komitees errichten, um sicherzustellen, daß die Bewährungsbeamten ihre Tätigkeit erfolgreich ausüben, um diese Tätigkeit überwachen zu lassen und für andere von ihm für erforderlich gehaltene Zwecke;

c) die Befugnis, Bewährungsbeamte zu ernennen, und die anderen Befugnisse von Bewährungskomitees werden von dem Innenminister ausgeübt;

d) die von dem Innenminister bestimmten Beträge, aus denen solche Kosten und Aufwendungen bestritten werden sollen, die von den örtlichen Behörden getragen werden müßten, wenn der Bewährungsbezirk sich nicht in dem Polizeigerichtsbezirk der Hauptstadt befände, sind aus dessen Polizeimitteln zu bezahlen.

(2) Ungeachtet der Bestimmungen in Ziffer 1 dieses Anhangs ist das Stadtgebiet von London nicht in einen Bewährungsbezirk einzubeziehen, der auf Grund einer nach diesen Bestimmungen erlassenen Anordnung errichtet ist.

Anhang 6

§ 56. Entlassung junger Rechtsbrecher aus dem Gefängnis mit Erlaubnisschein

1. Wer nach § 56 des vorliegenden Gesetzes mit Erlaubnisschein entlassen ist, bleibt bis zum Ablauf seiner Strafe unter der Aufsicht einer in dem Erlaubnisschein näher bezeichneten Gesellschaft oder Einzelperson und hat ebenfalls dort bezeichnete weitere Auflagen zu erfüllen.

Der Beauftragte für das Gefängniswesen kann jedoch diese Auflagen jederzeit abändern oder aufheben.

2. Wird dem Beauftragten für das Gefängniswesen bekannt, daß jemand, der in der vorerwähnten Weise entlassen ist, vor Ablauf seiner Strafe eine in dem Erlaubnisschein näher bezeichnete Auflage nicht erfüllt hat, so kann er anordnen, daß der Betreffende erneut in das Gefängnis eingewiesen wird; dieser ist daraufhin bis zum Ablauf seiner Strafe im Gefängnis festzuhalten und gilt, wenn er sich in Freiheit befindet, als widerrechtlich frei.

3. Der Beauftragte für das Gefängniswesen kann jemanden, der sich nach Ziffer 2 im Gefängnis befindet, jederzeit vor Ablauf seiner Strafe mit Erlaubnisschein entlassen. Die voraufgehenden Vorschriften dieses Anhangs finden auf einen derart Entlassenen in gleicher Weise Anwendung, wie auf jemanden, der nach § 56 des vorliegenden Gesetzes entlassen ist.

4. Soweit der Beauftragte für das Gefängniswesen die ihm nach § 56 des vorliegenden Gesetzes und durch diesen Anhang zugeschriebenen Aufgaben ausübt, muß er in Übereinstimmung mit etwaigen allgemeinen oder besonderen Anweisungen des Innenministers handeln.

5. Beträgt in einem Fall, wo jemand nach § 56 des vorliegenden Gesetzes entlassen ist, der nichtabgelaufene Teil der Strafe weniger als 6 Monate, so finden die Vorschriften dieses Anhangs mit den nachfolgenden Abänderungen Anwendung:

a) die Zeit, für die der Betreffende nach Ziffer 1 unter Aufsicht stehen und für die seine Wiedereinweisung nach Ziffer 2 möglich sein soll, beträgt 6 Monate vom Zeitpunkt seiner Entlassung nach dem erwähnten § 56 an;

b) wenn der Betreffende nach Ziffer 2 wiedereingewiesen ist, soll die Zeit, die er dementsprechend wieder im Gefängnis zubringen muß, je nachdem, welches der kürzere Zeitabschnitt ist,
   1. entweder in dem Rest der erwähnten sechs Monate
   2. oder in dem zum Zeitpunkt seiner Entlassung nach § 56 noch nicht abgelaufenen Teil seiner Strafe bestehen, von dem jeder weitere Zeitabschnitt abzusetzen ist, den er seit der Entlassung im Gefängnis zugebracht hat.

Der Betreffende kann im übrigen jederzeit nach Ziffer 3 vor Ablauf dieser Zeit mit Erlaubnisschein wieder entlassen werden.

Anhang 7

Teil I

§ 61. Vorschriften mit Bezug auf Personen in England, die aus Gefängnissen u. ä. in Schottland entlassen sind

1. Auf Personen, die, sei es vor oder nach Inkrafttreten des vorliegenden Gesetzes, mit Erlaubnisschein oder nach Ablauf ihrer Strafe aus einer Borstalanstalt in Schottland entlassen sind und sich gegenwärtig in England aufhalten, finden die Vorschriften der §§ 5 und 6 des Gesetzes zur Verhinderung von Verbrechen von 1908 Anwendung, als wenn diese Paragraphen nicht durch das vorliegende Gesetz aufgehoben wären.

2. Auf Personen, die, sei es vor oder nach Inkrafttreten des vorliegenden Gesetzes, nach § 14 des Gesetzes zur Verhinderung von Verbrechen von 1908 mit Erlaubnisschein aus einem Gefängnis in Schottland entlassen sind und sich gegenwärtig in England aufhalten, finden die Vorschriften jenes Paragraphen und die §§ 15 und 16 jenes Gesetzes Anwendung, als wenn es nicht durch das vorliegende Gesetz aufgehoben worden wäre.

3. Auf Personen, die, sei es vor oder nach Inkrafttreten des vorliegenden Gesetzes, nach § 9 des Zuchthausgesetzes von 1853 mit Erlaubnisschein aus einem Gefängnis in Schottland entlassen sind und sich gegenwärtig in England aufhalten, finden die Vorschriften der Zuchthausgesetze von 1853 und 1891, die sich auf derart Entlassene beziehen, Anwendung, als wenn diese Vorschriften nicht durch das vorliegende Gesetz aufgehoben worden wären. Das gleiche gilt für die Vorschriften der §§ 3—5 des Gesetzes zur Verhinderung von Verbrechen von 1871 sowie § 26 des Gesetzes über das Strafgerichtsverfahren von 1914 (Criminal Justice Administration Act, 1914).

4. Auf Personen, die auf Grund einer nach § 8 des Gesetzes zur Verhinderung von Verbrechen von 1871 durch ein Gericht in Schottland, sei es vor oder nach Inkrafttreten des vorliegenden Gesetzes, gegebenen Anweisung der Beaufsichtigung durch die Polizei unterstehen und die sich gegenwärtig in England aufhalten, finden die Vorschriften jenes Paragraphen sowie die §§ 2 und 4 des Zuchthausgesetzes von 1891 Anwendung, als wenn diese Vorschriften nicht durch das vorliegende Gesetz aufgehoben worden wären.

5. Für die in den voraufgehenden Bestimmungen dieses Anhangs bezeichneten Personen gelten die Vorschriften in § 22 des Schußwaffengesetzes von 1937 (Firearms Act, 1937) in ihrer ursprünglichen und nicht in der durch das vorliegende Gesetz abgeänderten Fassung.

Teil II

Vorschriften mit Bezug auf Personen in Schottland, die aus Gefängnissen u. ä. in England entlassen sind

6. Ist jemand, der eine lebenslängliche Gefängnisstrafe verbüßt, nach § 57 Absatz 1 des vorliegenden Gesetzes mit Erlaubnisschein entlassen, so kann er nach Absatz 2 jenes Paragraphen auch dann wiedereingewiesen werden, wenn er sich gegenwärtig in Schottland aufhält. Solange dies der Fall ist, erstreckt sich der erwähnte Absatz 2 sinngemäß auf Schottland.

7. Ist jemand, der nach dem vorliegenden Gesetz zu Borstalerziehung verurteilt ist oder der nach irgendeiner gesetzlichen Bestimmung so behandelt werden muß, als sei er entsprechend verurteilt worden, aus einer Borstalanstalt entlassen, so bleibt er weiterhin unter Aufsicht und kann in Übereinstimmung mit den Vorschriften in Anhang 2 des vorliegenden Gesetzes auch dann wiedereingewiesen werden, wenn er sich gegenwärtig in Schottland aufhält. Solange dies der Fall ist, erstrecken sich die Vorschriften jenes Anhangs (mit Ausnahme von Ziffer 1) sinngemäß auf Schottland.

8. Ist jemand, der nach dem vorliegenden Gesetz zu Zwangserziehung oder Sicherungsverwahrung verurteilt ist oder der nach § 61 des vorliegenden Gesetzes so behandelt werden muß, als sei er entsprechend verurteilt worden, nach Ziffer 1 des Anhangs 3 zu dem vorliegenden Gesetz mit Erlaubnisschein entlassen, so bleiben etwaige Auflagen des Erlaubnisscheines in Kraft, und der Betreffende kann nach dem erwähnten Anhang 3 auch dann wiedereingewiesen werden, wenn er sich gegenwärtig in Schottland aufhält. Solange dies der Fall ist, erstrecken sich die Vorschriften jenes Anhangs (mit Ausnahme von Ziffer 1) sinngemäß auf Schottland.

9. Ist jemand, der eine Gefängnisstrafe verbüßt, nach § 56 Absatz 2 des vorliegenden Gesetzes mit Erlaubnisschein entlassen, so bleibt er weiterhin unter Aufsicht und kann in Übereinstimmung mit den Vor-

schriften in Anhang 6 des vorliegenden Gesetzes auch dann wiedereingewiesen werden, wenn er sich gegenwärtig in Schottland aufhält. Solange dies der Fall ist, erstrecken sich die Vorschriften jenes Anhangs (mit Ausnahme von Ziffer 1) sinngemäß auf Schottland.

10. Ist jemand nach § 22 des vorliegenden Gesetzes wegen einer strafbaren Handlung für schuldig erklärt und dementsprechend nach den Vorschriften jenes Paragraphen zu behandeln, so hat dies auch dann zu geschehen, wenn er sich gegenwärtig in Schottland aufhält. Solange dies der Fall ist, erstrecken sich die Vorschriften jenes Paragraphen und des Anhangs 4 zu dem vorliegenden Gesetz sinngemäß auf ihn, und die Bezugnahme in Ziffer 4 des erwähnten Anhangs 4 auf § 30 des Gesetzes über die Ruhegehälter bei der Polizei von 1921 ist als Bezugnahme auf jenen Paragraphen im Rahmen seiner Anwendbarkeit auf Schottland anzusehen.

Anhang 8

§ 78. Übergangsbestimmungen

1. (1) Wer unmittelbar vor Inkrafttreten des vorliegenden Gesetzes auf Grund eines von einem Gericht in irgendeinem Teil Großbritanniens gefällten Urteils eine Zuchthausstrafe verbüßte oder hätte verbüßen müssen, wird, wenn er bei Inkrafttreten des vorliegenden Gesetzes in England in Haft ist oder zu sein hätte, nach diesem Zeitpunkt behandelt, als wäre er für die entsprechende Zeit nicht zu Zuchthaus, sondern zu Gefängnis verurteilt oder als verbüße er bzw. müsse er eine Gefängnis- und nicht eine Zuchthausstrafe verbüßen. Das gleiche gilt für eine Zuchthausstrafe, die auf einen Gnadenerweis Seiner Majestät für eine Straftat, wegen deren der Betreffende von einem Gericht in irgendeinem Teil Großbritanniens zum Tode verurteilt war, oder die auf den Verfall oder Widerruf einer in irgendeinem Teil Großbritanniens nach den Zuchthausgesetzen von 1853 und 1891 erteilten Genehmigung zurückgeht.

(2) Wer nach einer Verurteilung zu lebenslänglichem Zuchthaus oder während der Verbüßung einer lebenslänglichen Zuchthausstrafe auf Grund eines in der vorerwähnten Weise gewährten Gnadenerweises bei Inkrafttreten des vorliegenden Gesetzes Inhaber einer nach den Zuchthausgesetzen von 1853 und 1891 erteilten, nicht verfallenen oder widerrufenen Genehmigung ist, gilt als nach § 56 des vorliegenden Gesetzes mit Erlaubnisschein entlassen, es sei denn, daß er sich zu der Zeit, wo die Genehmigung erteilt wurde, in Schottland befand. Ziffer 6 des Anhangs 7 zu dem vorliegenden Gesetz findet auf ihn sinngemäß Anwendung.

(3) Wer bei Inkrafttreten des vorliegenden Gesetzes zu zeitlicher Zuchthausstrafe verurteilt und dabei Inhaber einer nichtverfallenen oder widerrufenen Genehmigung der vorerwähnten Art nach den

Zuchthausgesetzen von 1853 und 1891 ist, wird behandelt, als wäre seine Strafe abgelaufen, es sei denn, daß er sich zu der Zeit, wo die Genehmigung erteilt wurde, in Schottland befand.

2. Wer zu Gefängnis mit Zwangsarbeit für eine Zeit verurteilt ist, die bei Inkrafttreten des vorliegenden Gesetzes noch nicht abgelaufen war, wird für den Rest dieser Zeit behandelt, als sei er zu Gefängnis ohne Zwangsarbeit verurteilt worden. Doch wird eine mit seiner Strafe verknüpfte Rechtsminderung oder Mindereignung davon nicht berührt.

3. (1) Wer bei Inkrafttreten des vorliegenden Gesetzes auf Grund einer auf Sicherungsverwahrung lautenden Strafe in England in Haft gehalten wird, wird für den Rest dieser Strafe behandelt, als wäre er nach dem vorliegenden Gesetz zu Sicherungsverwahrung verurteilt worden. Die Vorschriften dieses Gesetzes über Sicherungsverwahrung finden auf ihn entsprechende Anwendung.

(2) Befindet sich ein zu Sicherungsverwahrung verurteilt Gewesener bei Inkrafttreten des vorliegenden Gesetzes auf Grund einer nach § 14 des Gesetzes zur Verhinderung von Verbrechen (Prevention of Crime Act) von 1908 erteilten Genehmigung außerhalb des Gefängnisses, so finden die Vorschriften in Teil II jenes Gesetzes weiterhin auf ihn Anwendung. Verfällt jedoch vor Ablauf der Strafe die Genehmigung oder wird sie widerrufen, so gelten die genannten Vorschriften nicht länger, und der Betreffende wird für den Rest der Strafe behandelt, als wäre er nach dem vorliegenden Gesetz zu Sicherungsverwahrung verurteilt worden. Die Vorschriften dieses Gesetzes über Sicherungsverwahrung finden auf ihn entsprechende Anwendung.

(3) Ist jemand zu einer Zuchthausstrafe verurteilt worden, die bei Inkrafttreten des vorliegenden Gesetzes noch nicht abgelaufen war, und hat er im Anschluß an die Zuchthausstrafe noch eine Verurteilung zu Sicherungsverwahrung abzubüßen, so tritt an deren Stelle für den gleichen Zeitabschnitt eine Verurteilung zu Sicherungsverwahrung nach dem vorliegenden Gesetz. Dessen Vorschriften über Sicherungsverwahrung finden auf den Betreffenden entsprechende Anwendung.

4. (1) Wer anderweitig als vor einem Gericht in Schottland zu Haft in einer Borstalanstalt verurteilt worden ist, gilt als nach dem vorliegenden Gesetz zu Borstalerziehung verurteilt oder als nach dessen Anhang 2 unter Aufsicht gestellt, wenn er unmittelbar vor Inkrafttreten des vorliegenden Gesetzes in England in einer Borstalanstalt in Haft gehalten wird oder werden müßte. Das gleiche gilt, wenn er sich in einem Gefängnis in Erwartung der Überführung in eine solche Anstalt befindet, wenn er Inhaber einer nach § 5 des Gesetzes zur Verhinderung von Verbrechen von 1908 gültigen Genehmigung oder wenn er nach § 6 jenes Gesetzes unter Aufsicht des Beauftragten für das Gefängniswesen gestellt ist. Soweit der genannte Anhang 2 auf den Betreffenden Anwendung findet, gilt er, als träte an Stelle des darin genannten Zeitraums von drei Jahren die Zeit seiner Verurteilung zu Haft in einer

Borstalanstalt und an Stelle derjenigen von vier Jahren die um ein Jahr verlängerte Zeit dieser Verurteilung.

(2) Wenn auf jemanden Teil 1 des Gesetzes zur Verhinderung von Verbrechen von 1908 unmittelbar vor Inkrafttreten des vorliegenden Gesetzes aus Anlaß seiner Überführung von einem Gefängnis in eine Borstalanstalt auf Grund des § 3 jenes Gesetzes Anwendung fand, so wird der Betreffende behandelt, als wäre er nach den Vorschriften des vorliegenden Gesetzes am Tage seines Inkrafttretens überführt worden.

5. (1) Steht jemand auf Grund der Anweisung eines Gerichts in England nach § 8 des Gesetzes zur Verhinderung von Verbrechen von 1871 bei Inkrafttreten des vorliegenden Gesetzes unter Polizeiaufsicht, so endet die Aufsicht 12 Monate nach diesem Inkrafttreten, wenn ihr Ende nicht schon auf einen früheren Zeitpunkt festgesetzt ist.

(2) Ist eine solche Polizeiaufsicht bis zum Inkrafttreten des vorliegenden Gesetzes noch nicht wirksam geworden, so wird ihre Dauer kraft dieses Gesetzes auf 12 Monate herabgesetzt, wenn sie ursprünglich darüber hinausging.

(3) Der Innenminister kann jede Anweisung, auf der eine bei Inkrafttreten des vorliegenden Gesetzes noch nicht beendete Polizeiaufsicht beruht, durch die Anordnung ersetzen, daß der nach der Anweisung unter Aufsicht Stehende während des Restes der Beaufsichtigungszeit der Vorschriften in § 22 des vorliegenden Gesetzes unterworfen sein soll.

6. Das Bewährungsgesetz (Probation of Offenders Act) von 1907 bleibt insoweit in Kraft, als es sich auf eine Bewährungsanordnung, auf Grund deren jemand bei Inkrafttreten des vorliegenden Gesetzes unter Polizeiaufsicht steht, oder auf eine sonstige Anordnung bezieht, auf Grund deren jemand zu diesem Zeitpunkt durch eine nach § 1 jenes Gesetzes übernommene Schuldverpflichtung gebunden ist.

Ein Gericht, in dessen Zuständigkeit nach jenem Gesetz die Ernennung eines Bewährungsbeamten an Stelle des in der Bewährungsanordnung genannten Beamten oder der dort genannten anderen Person oder die Abänderung der Bedingungen und Bestimmungen der durch den Bewährungspflichtigen übernommenen Verpflichtung fällt, kann jedoch ohne Vorladung des Bewährungspflichtigen die Anordnung dadurch abändern, daß es die Bezeichnung desjenigen, der nach der Anordnung die Aufsicht auszuüben hat, durch die des kleinen Friedensgerichts ersetzt, in dessen Bezirk der Bewährungspflichtige seinen Wohnsitz hat oder nehmen wird. Das vorliegende Gesetz gilt für eine derart abgeänderte Bewährungsanordnung, als ob diese nach ihm ergangen und nach Ziffer 2 seines Anhangs 1 abgeändert worden und als ob die Bedingungen der durch den Bewährungspflichtigen nach § 2 des eingangs erwähnten Gesetzes übernommenen Verpflichtung Auflagen der Bewährungsanordnung wären. Das Gesetz von 1907 findet auf sie keine Anwendung mehr und eine danach übernommene Verpflichtung wird erlassen.

7. Im Sinne des vorliegenden Gesetzes gelten

a) Gefängnisvorschriften, die unter einer durch das vorliegende Gesetz aufgehobenen gesetzlichen Bestimmung ergangen sind, sowie Anordnungen auf Grund von § 4 des Gesetzes zur Verhinderung von Verbrechen von 1908 als Vorschriften nach § 52 des vorliegenden Gesetzes;

b) Anordnungen nach § 2 des Gesetzes über Kriminalrechtspflege von 1925 als Anordnungen nach Ziffer 1 des Anhangs 5 zu dem vorliegenden Gesetz, die nach diesem auch entsprechend abgeändert werden können;

c) Anordnungen nach Absatz 6 des genannten § 2 als Anordnungen nach § 45 Absatz 2 Ziffer c) des vorliegenden Gesetzes, die nach diesem auch entsprechend abgeändert werden können;

d) Anordnungen nach § 7 des Gesetzes über die Bewährung von 1907 oder nach § 8 des Gesetzes über Kriminalrechtspflege von 1925 als Anordnungen nach Ziffer 6 des Anhangs 5 zu dem vorliegenden Gesetz.

Das Bewährungskomitee für einen zusammengefaßten Bewährungsbezirk, das auf Grund einer Anordnung nach § 2 Absatz 1 des Strafgerichtsgesetzes von 1925 errichtet worden ist, kann jedoch ungeachtet der Bestimmungen in Ziffer 2, Absatz 1 des erwähnten Anhangs 5 in der seinerzeit durch jene Anordnung vorgesehenen Art und Weise errichtet werden.

8. Soweit die §§ 6—30 des Gesetzes über die Verwirkung von 1870 (Forfeiture Act, 1870) auf jemanden Anwendung finden, der von dem Gesetz selbst nicht mehr betroffen ist, bleiben sie ungeachtet der Tatsache, daß sie durch das vorliegende Gesetz aufgehoben sind, gegenüber einem Strafgefangenen in Geltung, der von jenem Gesetz unmittelbar vor Inkrafttreten des vorliegenden betroffen war. Sie sind auf den Genannten anzuwenden, als wenn seine Strafe zu jenem Zeitpunkt erloschen wäre.

9. Die Vorschriften in § 21 des Schußwaffengesetzes von 1937 gelten gegenüber jemandem,

a) der sich nach seiner Verurteilung zu Sicherungsverwahrung bei Inkrafttreten des vorliegenden Gesetzes auf Grund einer nach § 14 des Gesetzes zur Verhinderung von Verbrechen von 1908 erteilten Genehmigung außerhalb des Gefängnisses befindet oder

b) der bei Inkrafttreten des vorliegenden Gesetzes auf Grund gerichtlicher Anweisung nach § 8 des Gesetzes zur Verhinderung von Verbrechen von 1871 unter Polizeiaufsicht steht,

in ihrer ursprünglichen und nicht in der durch das vorliegende Gesetz abgeänderten Fassung.[1])

---

[1]) Anhänge 9—11: s. Anm. 1 auf S. XX.

FSC
www.fsc.org
MIX
Papier | Fördert
gute Waldnutzung
FSC® C083411

Kolibri 360 GmbH
Ferdinand-Jühlke-Straße 7
99095 Erfurt, Deutschland
produktsicherheit@kolibri360.de